Helene Fackler-Belli   Erst neunzehn
und schon vor 64 Jahren
allein nach Ägypten

Erinnerungen von 1929–1931

Riehen 1993

*Zum 60. Hochzeitstag am 9. Mai 1993
unseren Kindern und Grosskindern
gewidmet.*

Fotos Helene Fackler-Belli
Zeichnungen Corinne Fackler
Satz und Druck Schudeldruck Riehen

© Helene Fackler-Belli
Kommissionsverlag A. Schudel & Co AG, Riehen
ISBN 385895.931 6

Aufbruch

Es ist der 7. September 1929. Plötzlich erwache ich vom Geratter der damals von Pferden gezogenen Bierwagen der Brauerei. Ich bin ja noch bei Grossmama an der Grenzacherstrasse in Basel. Ja halt..., es muss ja schon nach 7 Uhr sein, der Wecker sollte um 6 Uhr läuten. 20 Minuten vor 8 Uhr fährt ja mein Zug nach Genua! Schnell anziehen, Toilettensachen in den fertig gepackten Koffer werfen, ins Zimmer schauen wo Grossmama und Tante schlafen, und meiner Schwester «Adieu» rufen und ohne Frühstück schnell aufs Tram am Wettsteinplatz. Auf dem Bahnsteig warten schon meine Kusine und mein Vormund; viel Zeit um Abschied zu nehmen habe ich nicht mehr – der Zug fährt ab.
Ich geniesse die Fahrt durch unser schönes Land. Im gleichen Abteil sitzt eine junge, hübsche Dame mir vis-à-vis, und sie beginnt zu erzählen: «Ich fahre nach Genua, um meinen Mann dort zu treffen, er war auf einer Geschäftsreise im Orient. Wir wollen die Gelegenheit benützen, um uns Florenz und Rom anzuschauen. Wohin geht Ihre Reise?»
«Nach Alexandria in Ägypten.»
«Ja, so ganz allein und zum Vergnügen?»

«Vergnügen? Nein, ich bin dort in einem griechischen Waisenhaus als Haushaltungslehrerin angestellt.»
Ungläubig sieht die Dame mich an. «So jung und schon Lehrerin, Sie sehen nicht so aus!»
So musste ich ihr folgendes erzählen: «Meine Eltern sind früh gestorben – mein Vater an den Folgen der Spanischen Grippe als ich 11 Jahre alt war, meine Mutter 5 Jahre später als ich 16 Jahre alt war. Sie war 14 Monate krank bevor sie erlöst wurde. Nun wollte mich unser Vormund nach Basel zur Grossmama und auf die Handelsschule schicken. Nein, nein, in die Schule gehe ich nicht mehr!!! Ich will Schaufensterdekorateurin werden und etwas Lernen, was mit Malen oder Zeichnen zu tun hat, nur nicht mehr in die Schule. Mein Vormund sagt: ‹Das ist eine brotlose Kunst› (damals). Die Mutter meiner Freundin rät mir Haushaltslehrerin zu werden, da ich so gut Handarbeiten könne. Ja, denke ich, gut kochen, das wär's, da muss ich nicht mehr zur Schule. Vorher hätte ich nein gesagt, nur keine ‹Lehrgotte› werden. So kam ich also für zweieinhalb Jahre nach Fribourg in die Ecole Normale Ménagère. Punkto Schule kam ich vom ‹Regen in die Traufe›. Mein Vater war Genfer und mein Kinderstubenfranzösisch reichte für Fächer wie Chemie, Physik, Recht, Pädagogik nicht aus, und da musste ich halt lernen, lernen…
Ich erlebte zusammen mit vielen lustigen Mädchen glückliche Tage im Internat. Beim Schulabschluss, im Juli 1929, bestand ich das Examen zu meinem Erstaunen als Zweitbeste. Eine Stelle hatte ich schon einige Wochen vorher bekommen. Das kam so: Sœur Marie-Marthe kommt in die Küche, ich garniere gerade eine Torte mit fruits-confits. Sie sagt: ‹La tourte est bien belle, vous irez à Alexandrie› – nur auf der anderen Seite des Mittelmeeres! Ich träumte zwar von Indien, aber ich sagte: ‹oui›. Nun waren alle Vorbereitungen zu treffen. Da ich erst 19 Jahre alt war, unterschrieb mein Vormund den Vertrag mit dem ‹Orphelinat Benaki›.»
Ich schaue zum Fenster hinaus, vorüber fliegt eine schöne Landschaft, die ganz neu für mich ist. Lugano ist in Sicht, meine Reisegefährtin geht in den Speisewagen. Ich habe grossen Hunger, doch kann ich mir nur einen Kaffee leisten. Von meinem Vormund habe ich nur 20.– Franken erhalten und

diese müssen bis zum ersten Zahltag – in einem Monat – reichen. Davon muss ich noch ein Telegramm nach Hause schicken und Briefmarken kaufen.
Der Luganer See ist sehr schön. Nach Lugano, Chiasso, die Zollkontrolle – sie geht schnell vorüber –, dann Mailand – grosse Menschenmenge auf dem Bahnsteig. Die Fahrt wird nun langweilig, immer eben, ab und zu Obstbäume, Sträucher und Steinhütten. Hier und da eine Ortschaft, Reisfelder wechseln sich ab mit Sümpfen, und im Zug ist eine fürchterliche Hitze.
Nun sind noch andere Leute eingestiegen. Endlich – am späten Nachmittag – Genua. Auf dem Perron stehe ich etwas ratlos herum, doch da tönt es laut: «Signorina Belli»! Der Agent vom Cook in Uniform fragt nach meinen Ausweispapieren. Er ergreift das Gepäck und führt mich auf den Bahnhofsplatz, dort besteigen wir eine lustige, zweirädrige Kutsche. Zuerst führt der Weg durch Geschäftsstrassen, dann wird die Gegend immer armseliger. Endlich der Hafen, er ist riesengross. Es scheint, die Fahrt auf dem Quai höre nie mehr auf. Ich sehe grosse Schiffe, sogar zwei englische Kriegsschiffe, bestückt mit Kanonen.

Das Schiff

Viele Male fragt der Kutscher nach der «Brasile», so heisst mein Schiff, bis es endlich in Sicht ist. Dort liefert mein Betreuer mich ab, und ein «Stuart» führt mich zu meiner Kabine. Da stehe ich nun und schaue mir meinen neuen Aufenthaltsort an. Vier Kajüttenbetten, ein Lavabo mit fliessend Wasser (damals gab es in den meisten Hotels noch eine Waschkommode mit Waschbecken, Krug und Wasserkaraffe; im Nachttisch befindet sich der obligate Nachttopf) und ein Bullauge, davor ein Ventilator, der Tag und Nacht läuft. (In einem Brief nach Hause schreibe ich, dass es sehr komfortabel sei. Es sind 63 Jahre her).
Ich bin noch allein in der Kabine, Hunger und besonders Durst plagen mich. Auf dem Gang frage ich einen Stuart:

«Wann ist das Nachtessen?» – «Morgen», sagt er – «das Schiff fährt erst morgen». Ich getraue mich nicht aus dem Wasserhahn Wasser zu trinken. Gegen 9 Uhr trifft eine lustige Engländerin ein, mit der ich gleich herzlich lachen kann. Sie reist weiter nach Indien, besucht aber vorher ihre Schwester in Alexandria. Ich schlafe trotz Hunger und schrecklichem Durst ein. Am anderen Morgen erwache ich früh. Der Lärm der Kräne, die die Waren ins Schiff laden, ist nicht zu überhören. 7 Uhr…, um 8.30 Uhr mache ich mich auf die Suche nach einem Frühstück. Ab 8 Uhr wird serviert. Zweimal Tee, Eier, Schinken, alles wird probiert, ich hatte einen Riesenhunger. Was denkt der Kellner?
In der Kabine sind zwei weitere Damen eingetroffen, alle vier Betten sind jetzt belegt. Schränke gibt es in der Kabine nicht, die Koffer werden unter die Betten geschoben, und jedes Mal, wenn man etwas braucht, wird er hervorgeholt.
Das Wetter ist am 8. September schön und warm. Auf Deck miete ich mir einen Liegestuhl und sehe dem Treiben zu. Was alles so in einem Schiffsbauch Platz hat? Die Kräne befördern viele Säcke mit Kartoffeln, etc. … Aber halt, da fällt ein ganzes Netz mit Schachteln ins Meer. Nun kommt Leben auf bis alles, wenn auch nass, wieder aufgefischt war! Was war wohl in den Schachteln?
10 Uhr, die Schiffstreppe wird aufgezogen, ein kleines Lotsenschiff zieht uns aufs offene Meer. «Brasile», unser Schiff, früher auf grosser Fahrt nach Brasilien, ist heute nur noch tauglich fürs Mittelmeer. Man erkennt, dass es einmal bessere Tage gesehen hat, schöne Salons und Speisesäle aus der Jahrhundertwende. Es hat vier Klassen, die erste und zweite Klasse, die miteinander essen, die dritte Klasse hat Innenkabinen (ich frage mich, wie bekommt man dort noch Luft) und das Zwischendeck. Dieses ist voll von armen Auswanderern, die am Boden auf Decken liegen und sich selbst verköstigen. Da tönt auch schon der Gong, und es gibt für meinen Hunger Bouillon und Schinkenbrote. Schnell habe ich mich mit den Engländerinnen aus meiner Kabine angefreundet. Gott sei Dank, dass ich in der Schule bei einer so strengen Lehrerin Englischunterricht hatte. Ich konnte mich daher ganz gut verständigen.

Das Mittagessen war sehr gut, es hatte mehrere Gänge – meine Schwester hat noch Briefe von mir aufgehoben, so dass ich das Menu noch genau beschreiben kann:
Spaghetti Neapolitano
Omelettes au beurre
Cotelettes de veau
Harricots p.d. mit Melonen
Fromages
Glace au citron
Trauben, Feigen, Birnen, Datteln, Orangen
Kaffee

Zum 4-Uhr-Tee gibt es Kuchen, dabei unterhält uns ein Drei-Mann-Orchester. Zum Abendessen gibt es noch mehr Gänge. Ich werde von meinen Zimmergenossinnen deren Bekannten vorgestellt. Alle wollen mich bemuttern, und an vielen guten Ratschlägen fehlt es ihnen nicht. «Was, Sie sind erst 19 years?» Und sie staunen, dass ich es wage, allein zu reisen. (Heute bin ich selbst erstaunt). «Lassen Sie sich nicht mit Arabern ein» oder «Achtung vor den Mädchenhändlern». Ich werde sehr verwöhnt. Da ich mir keine Getränke leisten kann, schenken mir meine Tischnachbarn auch von ihrem Wasser und ihrem Wein ein.

Es tönt wie zu Hause: «Aufpassen, es heiratet Dich niemand mehr, wenn Du die Unschuld verloren hast. Eine junge Mutter mit einem unehelichen Kind ist niemand mehr.»

Die meisten Passagiere sind Engländer und Italiener, die den Urlaub in ihrer Heimat verbrachten, und nun nach Alexandria, Port-Said und weiter nach Indien reisen. Franzosen hat es wenig, da sie ab Marseille mit französischen Schiffen reisen. Die Italienerinnen machen zum Diner grosse Toilette. Ein «Scheich» mit seinen vielen Töchtern kommt von einer Europareise zurück. Die erste Klasse hat Kabinen auf Deck. Am frühen Morgen kann man durch die offenen Kabinenfenster die jungen, schönen Mädchen mit seidenen Nachthemden bewundern.

Das Wetter ist immer noch schön, das Meer so blau. Ich liege auf dem Liegestuhl und staune. Die Insel Elba zieht an uns vorbei – oh, wie schön es ist auf dem Schiff, im Himmel kann es nicht schöner sein; die netten Passagiere die mich verwöhnen, das prima Essen, nein, schöner kann es nirgends sein! Die Zeit vergeht wie im Fluge. Endlich ist Neapel in Sicht, der Vesuv hat ein feines Räuchlein. Im Hafen arbeiten die Kräne, sie laden viel Ware aus und andere wieder ein. Alle Passagiere benützen den Aufenthalt in Neapel um Pompeji zu besuchen. Sie fragen mich: «Haben Sie nicht Lust mit uns die Stadt anzuschauen?» Aber man hatte mir mit Recht zu Hause verboten, das Schiff zu verlassen. Den Tag verbringe ich mit Schreiben und Lesen. Abends, beim Nachtessen, erzählen mir meine neuen Freunde, was sie alles bei ihrem Aufenthalt gesehen haben.

Eine Deutsche Familie mit vier blond-gelockten Kindern und einem Kindermädchen kommt an Bord. In Palermo verlassen sie das Schiff aber schon wieder. Die übrigen Passagiere verlassen ebenso das Schiff, um sich die Stadt anzusehen. Ich will mir nur den Quai ansehen – aber gefehlt –, an der Schiffstreppe stehen die beiden jungen Engländer Wache, getarnt mit Helmen aus gefalteten Zeitungen: «Stop, you are a bad girl!» So kehrte ich gehorsam wieder um.

Am andern Tag: Das Hochzeitspärchen

Ein Schiffsoffizier fragt mich mit maliziösem Lächeln: «Haben Sie unsere anderen Schweizer auch schon gesehen?» Als ich es erstaunt verneine, ruft er einen jungen Herrn herbei, der in der Nähe stand. Kaum haben wir einige Worte gewechselt – er ist Lehrer in der Ostschweiz –, da erscheint eine aufgeregte Person und ruft: «Ruedi chumm!», und reisst ihn am Ärmel weg. Der Offizier meint entschuldigend zu mir: «Sorry Madam, sie sind halt auf der Hochzeitsreise.» Ich habe die beiden später nie mehr gesehen, sie blieben wohl die ganze Zeit in ihrer Kabine?

Ich habe diese Episode in einem Brief an Sœur Marie-Marthe, meine Lehrerin in Fribourg, geschrieben mit der Erklärung, dass, wenn eine Hochzeitsreise so verlaufe, ich das viele Geld sparen, und diese Zeit auf dem Estrich verbringen würde. Sœur Marie-Marthe hat dann an der ersten Klassenzusammenkunft, die in Fribourg stattfand, meinen Brief vorgelesen. Es fand eine lebhafte Diskussion statt: Reise oder Estrich? Nach Hause schrieb ich: «Ich bin froh, dass ich alleine reise, und nicht mit einer ‹Kleblaus›».

Achtung! Mädchenhändler

Am neunten Tag endlich sehe ich von Alexandria als erstes einen Strand mit Palmen. Aber dann ist ein riesengrosser Hafen in Sicht, ein Damm und Leuchttürme. Auf Deck rennt alles herum. Ich warte dort, ich soll ja abgeholt werden.
Plötzlich kommen eine Dame und ein Herr auf mich zu und begrüssen mich mit «Bonjour Mademoiselle Belli». Oh Schreck, in solcher Aufmachung habe ich die Directrice Kiria Georgiades noch nie gesehen. Auch der Herr kommt mir suspekt vor. Sie, bemalt in allen Tönen, ein Kleid voller Volants und ein Sonnenschirm, der zum Kleid passt. Der Herr – Mitte September, bei grosser Hitze – mit weissen Handschuhen und passenden Gamaschen! So sehen Mädchenhändler aus!!!
In meiner Angst und Not überlege ich: Soll ich sagen, dass ich eine Tasche in der Kabine liegen gelassen habe oder einen Schiffsoffizier bitten, dass er diesem Duo die Ausweise verlangt.
Da erscheint plötzlich der Agent von Cook in Uniform. Ihm kommen diese sonderbaren Gestalten auch nicht als Repräsentanten eines Waisenhauses vor. Er lässt sich nicht abwimmeln, und steigt zu meiner grossen Beruhigung mit ins Taxi ein.
Auf der Fahrt komme ich aus dem Staunen nicht heraus, die vielen neuen Eindrücke lassen sich kaum bewältigen – die Araber, die Strassen, die Häuser. Endlich halten wir im europäischen Viertel vor einem grossen neuen Gebäude. Es hatte sogar eine Freitreppe. (Nach Hause schrieb ich, ich sei in einem Palast gelandet). Aber meine Zukunft sollte nicht so rosig sein.
Auch jetzt kommt der Agent von Cook mit. Erst als Kiria (Mademoiselle) Georgiades vom Personal begrüsst wird, steigt er wieder ins Taxi (ich bin ihm so dankbar gewesen).

Auch der Herr mit den weissen Handschuhen und Gamaschen verliess uns.
Mama hatte mich vor Herren mit Glacehandschuhen gewarnt, warum? Später löste sich das Rätsel: Der Herr hiess Kirios Margaritis und war Direktor bei dem Handelshaus Benaki, einer grossen Baumwollfirma. Die Benakis, die Gönner des Waisenhauses, waren sehr reiche Griechen (40 Millionen Pfund erbten die Nachkommen).
Nun zu den weissen Handschuhen bei dieser Hitze: Herr Margaritis hatte im Krieg – Türken gegen Griechen – eine Hand verloren, deshalb trug er eine Prothese und verdeckte sie mit den Handschuhen, und er trug, damit dies nicht so auffiel, die passenden Gamaschen dazu.

Waisenhaus

Mein Zimmer ist sehr nett, mit schöner Aussicht auf das Meer (das Land war damals noch nicht so verbaut). Die Zimmerdecke ist sehr hoch, wenn ich hinauf schaute, wurde mir – nach dem Aufenthalt in der niedrigen Schiffskabine – am Anfang immer schwindlig. Das Bad teile ich mit der Sous-Directrice Mlle Karandonaki.
Ich beobachte nun die ankommenden oder abfahrenden Schiffe, von oder nach Suez, und werde mich an meine schönsten Tage auf dem Schiff erinnern.
Mit Mlle Georgiades sitze ich dann später im Sous-sol am Tisch vor drei kleinen öligen Fischen und Brot – der erste Schock nach dem feudalen Essen an Bord.
Beim Nachtessen werde ich meinen Kolleginnen vorgestellt. Mlle Georgiades, alleinherrschende Directrice, Mlle Karandonaki, Sous-Directrice; am Tisch sitzen noch die Kinderbetreuerinnen (Surveillantes) Poulia, Artemis, Ephtichije und Staphrinou. Poulia und Staphrinou können nur wenig französisch, aber mit Ephtichije werde ich guten Kontakt haben.
Anwesend ist noch die Lehrerin der ersten und zweiten Klasse: Mme Antigone. Extern wohnen die beiden Lehrerinnen Percephoni und Kula, die die oberen Schulklassen betreuen. Weiter sind noch im Haus beschäftigt zwei Syrierinnen, die

den ganzen Tag putzen, und zwei Frauen, die waschen. Die Mutter des Hauses, sagte mir Ephtichije später, sei aber Charidomeni, angestellt als Portiere. Sie betreut auch die kranken Kinder mit grosser Liebe. Sie musste damals im griechischtürkischen Krieg flüchten. Ihre beiden Töchter dürfen auswärts eine Schneiderinnenlehre machen.
Alle Personen mit den fremdtönenden Namen habe ich behalten. Doch die Hauptperson hätte ich bald vergessen: Sultana! Ihre Funktion ist es, der Directrice alles zu berichten, deshalb hat sie den Übernamen «Telefon».
Das Nachtessen ist wieder mies, und ich muss den Tellerinhalt vom Öl am Tellerrand abtropfen lassen.

Orphelinat Benaki

Nun zum Orphelinat Benaki: Es ist, wie schon gesagt, eine gut dotierte Stiftung der reichen Familie Benaki. Es sind etwa 150 Mädchen im Alter von drei bis 15 Jahren im Haus. Eine recht gute Schule, die von drei griechischen Lehrerinnen betreut wird.
Da die Kinder, die aus der Krippe kommen, im Hause keinen Kindergarten besuchen können, kommen sie einfach mit drei Jahren in die erste Klasse. Dort bleiben sie zwei bis drei Jahre, oder sie sind so gescheit, dass sie mit sechs Jahren schon in der dritten Klasse sind. Nun haben einzelne Mädchen schon mit elf Jahren alle Klassen durchlaufen. Aus diesem Grund hat Mlle Georgiades noch zwei weitere Jahre Haushaltungsschule in französischer Sprache vom Komitee bewilligt bekommen. Die Kinder haben keine Ahnung vom Haushalt; das

Essen wird uns vom «Sissidion» (Volksküche), die auch das Spital, die Schule und das Altersheim beliefert, gebracht. Damit die Mädchen später besser in Familien oder im Spital untergebracht werden können, sollten sie also französisch sprechen und kochen lernen.

Mlle Georgiades hatte auf einer Studienreise durch Europa vom Haushaltungsunterricht in den Schulen der Schweiz gehört. Damals existierten Haushaltungsseminare in Bern und Zürich und in der französischen Schweiz in Fribourg und in Lausanne. Letzteres führte allerdings nur Kurse für brevetierte Lehrerinnen durch.

Fribourg war 1929 im Bereich der Schulen, Gymnasien und Universitäten führend. In den Internaten bestand der Lehrkörper überwiegend aus Paters, Mönchen oder Lehrschwestern. Mlle Georgiades hatte mit dem Haushaltungsseminar in Fribourg Kontakt aufgenommen. So kam ich nach Alexandria, aber nur, nachdem man bei der schweizerischen Kolonie beste Referenzen über das Orphelinat Benaki und deren Gönner, die Familie Benaki, eingeholt hatte.

Ich werde heute öfters gefragt, ob ich denn gar keine Angst hatte, so allein nach Ägypten zu reisen? Heute frage ich mich dasselbe. Aber ich war so glücklich, so weit fort zu dürfen – für meine Zukunftsvisionen konnte es nicht weit genug sein. Am liebsten las ich damals Reisebeschreibungen von Robinson und von Swen Hedin, z.B. «Durch Asiens Wüsten».

Auch meine fröhliche und optimistische Grossmama fand es fein, dass ich eine Stelle gefunden habe. Nur unser Onkel, der Vormund war, fragte mich eindringlich: «Hast Du es Dir auch gut überlegt?» Die damalige Reise sowie der Aufenthalt waren wunderschön, doch es hat mich nie «gelüstet», nochmals nach Ägypten zu fahren.

Ich habe noch Bekannte, die zu meiner Zeit auch in Ägypten waren, sie sind von ihrer zweiten Reise sehr enttäuscht heimgekommen. Die vielen Menschen, die Armut und der Schmutz – und der Verkehr! Giseh, bei den Pyramiden, sei eine scheussliche Budenstadt geworden.

Ich habe noch eine Fotografie, da stehe ich ganz alleine vor den Pyramiden. Licht und Schatten verwandelten alles in eine Märchenlandschaft.

Als ich vor einiger Zeit im Fernsehen die Stadt Alexandria, mit den vielen Hochhäusern sah, fragte ich mich, ob diese die nötigen Fundamente besässen? Das kürzliche Erdbeben in Kairo bestätigte mir, dass diese nur auf Sand gebaut waren. 1929, zu meiner Zeit, baute man auf einstöckige Häuser weitere Stockwerke. Da kam es öfters mal vor, dass ein ganzes Haus einstürzte. Musste man denn keine Baubewilligung einholen oder genügte ein «Bakschisch»?
Alexandria war damals eine ganz moderne, elegante Stadt mit grossen Geschäften. 36 Kilometer der «Corniche» (ausgebaute schöne, breite Uferstrasse), die am Meer entlang führt, sollen bis heute schon verbaut sein. Wie steht es mit der Sommerresidenz, dem Schloss vom einstigen König Fuad? Und auf dem Wege zwischen Alexandria und unserem Camp in Mandara – hat es dort keine Palmenhaine mehr?
Auch hier in Basel ist vieles anders. Alte Bekannte erzählten mir, wie damals Knie vom Zirkus an der Sperrstrasse ein Seil von einer Mansarde zur anderen auf der gegenüberliegenden Strassenseite spannte, und darauf herumspazierte. Dann sammelte man in einem Hut das Geld ein, oder die Anwohner warfen ihm in Papier eingewickelte Münzen zu.

Die erste Stunde

Mlle Georgiades, die Directrice, sagt: «Wir beginnen die Schule erst nächste Woche, ich solle mich noch von der Reise erholen.» «Erholen», denke ich, «von diesen herrlichen Tagen?» Aber ich sagte nichts, es gibt ja noch so viele Vorbereitungen zu treffen, wie Stundenplan usw. Am anderen Morgen machte ich schon die Erfahrung, dass ich nicht mehr in der guten, ehrlichen Schweiz bin.
Vor dem Frühstück fragt Ephtichije mich: «Voulez-vous du café?» Ich sagte ahnungslos: «oui». Da schüttet sie mir einen Löffel türkisch gemahlenes Kaffeepulver in die Milch (Nescafé gab es damals noch nicht). Das Kaffeepulver kratzt immer noch im Hals – da lässt mich die Directrice, Mlle Georgiades, rufen. Sie begrüsst mich liebenswürdig und führt mich durch etliche Gänge. Plötzlich öffnet sie eine Tür – ein

Schulzimmer mit Bänken, in dem 36 junge Mädchen sitzen – «meine Schülerinnen». Sie sagt etwas auf griechisch zu ihnen und geht hinaus... Da stehe ich.
Man hatte uns in Fribourg eingeprägt, ja nie unvorbereitet in eine Schulklasse einzutreten. «Die erste Stunde ist die wichtigste, da werden Sie klassiert.»
Nur einen Moment dauert der Schreck, und ich tue das Nötigste – einander sich vorstellen: «Je m'appelle Mlle Belli». Ich schreibe es an die Tafel. Dann deute ich auf das erste Mädchen «Comment tu t'appelles?» Endlich merkt es, dass es seinen Namen sagen muss: «Meropi», das zweite: Calliopi, Despina, Vallianni, Penelope, Eirene, Artemis und – endlich meine Rettung – eine Aphrodite. Dieses Mädchen hat leider (aus Vitaminmangel) fast keine Haare und trägt ein braunes Käppchen, das ihm die Sous-Directrice Mlle Karandonaki gehäkelt hat. Natürlich heissen auch einige Schülerinnen Maria, Catharina und sogar Helene, einige im Waisenhaus «Xantippe». Als ich später sage, dass der Name in der Schweiz ein böses Weib bedeutet, sind meine Kolleginnen sehr erstaunt.
Nun zu meiner ersten Unterrichtsstunde.
Als ich das erste Verb «je m'appelle» etc., jeweils mit Fingerzeig durchkonjugiert habe, stehe ich auf: «Je me lève». Ich heisse Aphrodite aufzustehen: «Tu te lèves». Dann die ganze Klasse: «Vous-vous levez». Ich setze mich: «Je m'asseye, tu t'asseyes» etc. Dann weiter: «J'ouvre la fenêtre». Ich demonstriere es: «Je ferme la fenetre, la porte, le livre». Alle machen mit Eifer mit, und wie im Fluge vergeht die erste Stunde.
Gott sei Dank ist alles gutgegangen, es ist wirklich ein Sprung ins kalte Wasser gewesen. Ob wohl Mlle Georgiades vor der Tür gelauscht hat?
Ich denke zurück an Fribourg. Es sind keine drei Monate her. Auch damals hatte ich Glück, es hätte nämlich schlimme Folgen haben können.
Examen – alle sind sehr nervös. Kurze Zeit vorher heisst uns Sœur Marie-Marthe, in der Methodique-Stunde eine Demonstration über «Mayonnaise» zu geben. Alle müssen die Stunde vorbereiten und einen Plan «marcher à suivre» abgeben – man weiss nie, wer dran kommt, und man darf ja auch nicht dozieren. Man muss die Schülerinnen durch Fragen lehren,

selbst zu denken. Wir sind alle erbost: vor dem Examen noch Stunden geben!

Am Tag des Examens ziehen wir unsere Themen: «Die Zusammensetzung der Luft», «Die Verdauung», «Die Grundstoffe der Nahrung» – schwere Themen, und nur 20 Minuten Zeit, um die Grundbegriffe den sechs 14jährigen Schülerinnen klar zu machen.

Oh, welch' grosses Glück, ich ziehe «Die Mayonnaise». Das ist die einfachste Stunde – aber wo ist der Plan? Sœur Marie-Marthe lacht, sie gibt mir die zwei zerrissenen Hälften: «Ich habe sie aus dem Papierkorb gefischt und gedacht, Sie werden die Stunde halten.»

Am späten Nachmittag komme ich als Zweitletzte von 17 Kameradinnen dran. Nun, wie üblich: warum, wie, wann Beigaben und Saucen. Es geht gut voran. Ich heisse eine Schülerin, Eigelb, Salz, Senf, Essig mit tropfenweise Öl in der Schüssel zu verrühren. Plötzlich – oh Schreck – höre ich eine ruhige Stimme: «La mayonnaise à tranchée» (ist geronnen). «Nun haben wir die Gelegenheit, sie zu flicken.» Bei den sechs oder sieben Experten hinten im Schulzimmer entsteht Bewegung und Sœur Marie-Marthe strahlt über das ganze Gesicht – Gott sei Dank habe ich ein zweites Ei und eine Schüssel mitgenommen. «Nun ein zweites Eigelb in die Schüssel, dann die geronnene Mayonnaise langsam hineinrühren, und das Hexenwerk gelingt». Sie ist «up to date», ich kann die Schüssel sogar umkehren. «Man kann auch die Mayonnaise statt mit dem Ei, mit einem Löffel ganz heissem Wasser flicken. Nie ein Ei aus dem Eisschrank oder Öl, das sehr kalt ist, verwenden.»

Ich erhielt die Beste Note in Pädagogik – auch da verlor ich den Kopf nicht. Nie mehr ist mir die Mayonnaise geronnen.

Ich bin total erschöpft. Ich schaue zum Fenster hinaus, die Aussicht ist sehr schön – vor mir ein grosses unbebautes Dünenfeld, in der Ferne das Meer. Unser Waisenhaus liegt an einer Einbahnstrasse. Doch das gab es in der Schweiz damals noch nicht: In der Mitte fährt das Tram, ein- und zweistöckig, und auf der anderen Seite der Strasse rollt der Verkehr in die andere Richtung. An jedem Strassenübergang und an den Haltestationen steht ein Araber mit einem weissen Stab, der

den Übergang regelt. Wir haben heutzutage Ampeln dafür. Die Araber bekommen nur einen ganz kleinen Lohn, dieses System ist billig.
Was sehe ich? Ein Strassenwischauto, dass die Strasse kehrt. Das ist neu für mich. In Helvetien kehrt man noch mit dem Besen.

Die Stadt Alexandria

Nachmittags ist Mlle Georgiades überaus freundlich und fährt mich mit einer kleinen Kutsche in die Stadt. Sie zeigt mir die grössten Strassen Alexandrias, die Avenue Fuad (so heisst der König) und die Avenue Rosette mit schönen europäischen Geschäften. Dann fährt sie mich in eine Seitenstrasse: «Boulangerie Suisse» heisst der kleine Laden. Dort bedient uns ein Fräulein sogar auf Schwyzerdütsch, und das Stück Apfelkuchen, das mir offeriert wird, ist das Beste, was ich seit dem fürstlichen Essen auf dem Schiff im Magen habe.

Das Leben im Waisenhaus

An meinen freien Nachmittagen werde ich nun regelmässig die Bäckerei besuchen, und meinen Hunger mit Apfelkuchen stillen. An diesen Tagen faste ich nun im Waisenhaus, auf die miese Kost dort kann ich gut verzichten.
Am anderen Morgen wird der Stundenplan besprochen: täglich zwei Französischstunden, je ein Stunde für die obere und eine für die untere Klasse, viermal die Woche von 10 bis 13 Uhr Kochen sowie die üblichen Fächer: Flicken, Waschen, Bügeln, Haushaltskunde, kleine Buchhaltung, Nahrungskunde (alles in französischer Sprache). Beginn morgen!
Von Ausruhen keine Spur. Anastasia, ein junges Mädchen, das im Hause hilft und etwas französisch kann, muss mir nun das Haus zeigen. Das Orphelinat ist sehr gross und etwa zehn Jahre alt. Wie ich schon sagte: Es ist sehr schön, wie ein Palast. Es liegt in Chatby, einem kleinen Vorort von Alexandria, an einer Hauptstrasse, die eigentlich ruhig ist, da der Hauptverkehr von Eseln bewältigt wird.
Zum Hause führt eine breite Freitreppe ins grosse Entrée. Links sind das Büro, das persönliche Zimmer der Directrice,

Mlle Georgiades, und die Loge der Portiere Kiria (Frau) Charidomeni, die Bibliothek und fünf grosse Schulzimmer. Im ersten Stock befinden sich drei Schlafsäle mit je 50 Betten. Links der Treppe ist mein Zimmer, daneben das von Mlle Karandonaki, der Sous-Directrice, und für uns zwei zusammen ein Badezimmer. Die Directrice hat ein Appartement von zwei Zimmern mit Bad. Für die Kinder sind Toiletten und Badezimmer vorhanden – für die damalige Zeit ist alles äusserst komfortabel. Auf dem Flachdach ist die Waschküche und die Wäschehänge sowie die Zimmer der Angestellten. Im Souterrain befindet sich der Eßsaal der Waisenkinder, das Esszimmer der Angestellten, und im riesigen Gang ist mein Reich – die Küche – eingebaut. Zwei Gasherde, ein langer Tisch, Stühle, Abwaschbecken sowie eine Kammer für die Vorräte und Küchengeräte. Alles ist sauber und geräumig. Ich finde das Haus sehr gut durchdacht. Die Zimmer sind sehr hoch, deshalb ist es nie drückend heiss. Die Treppen und die Eingangshalle sind aus Marmor, die Türen aus gebeiztem Holz und die Wände geweisselt. Ich muss mich auf den Schulanfang, auf morgen, vorbereiten. Totmüde sinke ich ins Bett.
Jetzt beginnt die Schule – 36 Schülerinnen, 19 in der ersten Klasse, 17 in der oberen Klasse. Zum Glück hat man ihnen schon die lateinischen Buchstaben beigebracht. Auch verstehen sie schon «oui», «non», «bonjour» und einige weitere Wörter. Ich muss alles mit Gesten begleiten.
Es geht weiter wie am Vortag: «Je me lève» etc. Als Lektüre dient uns ein französisches Büchlein: «l'histoire du petit Pierre». Gott sei Dank hat es viele Bilder, so dass ich zeigen kann, dass das Büblein «Pierre» heisst und klein ist. Die Schülerinnen zwischen elf und 15 sind sehr aufmerksam. Man merkt, dass es für sie etwas Besonderes ist, französisch lernen zu dürfen.
Die Mädchen sind hübsch: vom schwarzen Haar und grossen, dunklen Augen bis zum hellen Blond mit blauen Augen. Fast alle sind mager, und sie scheinen durchsichtig.
Ich schreibe nach Basel, dass es mir gut geht, dass ich mich an alles Neue gewöhnen müsse. Das Telegramm von meiner Ankunft ist schon zuhause angekommen. Abends bin ich sehr

müde und schlafe sofort. Man hat mir abgeraten, nachts die Fenster offen zu halten – wegen der grossen Feuchtigkeit. Morgens sind die Strassen nass vom Tau, als wenn es geregnet hätte. Die Mitarbeiterinnen jammern, sie seien nassgeschwitzt – im September sei es besonders schlimm. Mir macht dies nichts aus. Am Abend, während des Essens, stechen mich die Stechmücken wie wild in die Beine. Mlle Georgiades sagt, dass diese frisches Blut aus Europa gern haben. Abends macht Charidomeni den Rundgang durchs Haus, spritzt «Flit» an die Wände, da noch weiteres Ungeziefer im Hause sei (Wanzen). In meinem Zimmer habe ich nie eine gefunden. Es ist noch sehr warm, und ich schlafe nur mit einem Leinentuch bedeckt. Das kann man zuhause nur an wenigen Tagen im Hochsommer tun.
Ich kann nun den Stundenplan einhalten und muss nicht mehr aus dem Stegreif unterrichten.

Besuch bei Schweizer Familien

Am Samstag abend werde ich ans Telefon gerufen. Für mich ein Telefon? – Ich kenne hier niemanden. Es ist Frau Landerer, sie lädt mich für Sonntag zum Mittagessen ein. Jetzt erinnere ich mich, dass Tante Marie in Basel mir erzählt hatte, dass eine Bekannte von ihr eine Schwägerin in Alexandria habe. Wie ich mich freue!
Am anderen Morgen ist die Surveillante (Aufseherin) Ephtichije so liebenswürdig, mich hinzubringen. Wie aber erschrecke ich, als sie auf der Strasse eine kleine Kutsche anhält. Die 20.– Franken Sackgeld sind schon sehr geschmolzen, aber wie sich nachher herausstellt, ist die Fahrt nicht teuer (ca. 3 Piaster = 75 cts.). Die Griechinnen fahren nicht mit dem billigen Tram (zweite Klasse einen halben und erste Klasse einen Piaster), auch wenn ihr Lohn nur ein Viertel des meinigen beträgt.
Es ist nicht sehr weit bis an die Rue Bolbitine. Ephtichije sagt: «In dieser Strasse wohnen viele Schweizer.» Vor einem schönen Haus mit grossem Garten halten wir an. Auf mein Läuten öffnet mir der arabische Diener in weisser Galabije (sieht wie

ein langes Nachthemd aus mit breitem, roten Gürtel; auf dem Kopf ein roter Tarbousch). Zu meinem grossen Erstaunen sagt er mir auf schwyzerdütsch: «Frau Landerer erwartet Sie.» – Beim Servieren habe er immer gut zugehört was gesprochen wurde, und so ein wenig Deutsch gelernt.

Ich werde von der Schweizerin herzlich empfangen und der Familie vorgestellt: dem Ehegatten, einem lustigen Büblein, Hans-Peterli, fünf Jahre alt, sowie dem Bruder der Frau. Er ist Junggeselle, hat eine Wohnung in der Stadt und verbringt die Sonntage bei seinen Verwandten.

Anwesend ist noch das Kinderfräulein – Mademoiselle – eine Französin. Hans-Peterli soll noch vor Schulbeginn Französisch lernen, da die Schweizerschule in dieser Sprache geführt wird. Der Hausherr ist an einer Baumwollfirma beteiligt. Dreiviertel der Schweizer arbeiten hier in dieser Branche. Er ist auch Präsident des Schweizerclubs.

Es gibt ein sehr gutes Mittagessen, und als ich mich für meinen grossen Appetit entschuldige, lachen alle und fragen mich, ob ich die ölige, griechische Küche nicht schätze? Nachmittags sind wir im Garten, wir spielen Croquet. Ich kann dies recht gut, da wir es zu Hause in Bern sehr oft gespielt hatten.

Nur zu schnell heisst es Abschied nehmen. Herr Allemann fährt mich bis vors Orphelinat zurück. Dort sitze ich abends wieder mit meinen Kolleginnen zusammen. Hunger habe ich keinen mehr, aber ich muss erzählen, wie schön es bei den Schweizern gewesen war.

Au, au! – Wieder stechen mich die Moskitos –, und ich lerne das erste griechische Wort: Kounupi (Schnake).

Die erste Kochstunde

Am Montag: Kochen.
Zuerst Besprechung des Menus: Wasser zum Kochen bringen, Kaffee und Tee anbrühen und Milch erhitzen. Ich diktiere alle Wörter – Aufgabe: sie zu lernen. Dann starten wir in die Küche. Nie haben die Mädchen kochendes Wasser gesehen. Mit dem Kaffee und dem Tee geht es schon besser, aber als die

Milch bis zum Pfannenrand steigt, rennen alle vor Entsetzen davon. Gerne hätte ich etwas Abwechslung geboten – alle Tage Bohnen-, Linsen- oder Erbsensuppe mit Brot –, eine eintönige Kost. Sonntags Suppenfleisch, und am Morgen einen Teelöffel Kondensmilch im Tee!
Heute rühre ich Griess in die heisse Milch und zuckere den Griessbrei, damit die Schülerinnen eine kleine Freude haben (steht nicht im Programm von Mlle Georgiades). Später kochen wir dann nach griechischem Rezept «Plaki» (eine Art Gratin mit Fisch oder Hackfleisch, mit viel Zwiebeln, Knoblauch, Tomaten, Auberginen, Zucchetti und Artischocken), und «Halvas» (eine Süssspeise): 1/2 Pfund Griess in einem 1/2 Liter Öl rösten, 1 Liter Milch mit 1 Pfund Zucker aufkochen und ganz langsam in den Griess einrühren. Achtung, es darf nicht gerinnen, sonst ist man keine gute Köchin! Ein Löffel davon und man ist satt!

Heute freier Nachmittag: Apfelkuchen

Meine Kolleginnen und ich dürfen nur an ihrem freien Nachmittag und am Sonntag ausgehen, abends muss sogar die Sous-Directrice Mlle Karandonaki zuhause bleiben. Jeden Donnerstagnachmittag habe ich frei. Meine 20.– Franken sind fast alle, und so gehe ich zu Fuss in die Stadt – es ist von Chatby nur eine halbe Wegstunde. Alle Leute in den Autos und der Tram staunen über mich, denn eine Europäerin geht hier nicht zu Fuss.
Ich mache einen Umweg über die «Corniche», die am Meer entlang führt. Es ist wunderschön hier. Ich schaue lange hinaus aufs Meer, an den unerforschten Horizont – es sind leichte, fremde Wellen. Woher kommen sie? Wohin gehen sie? Von der Unendlichkeit zum Nichts?
Ich komme an der kleinen evangelischen Kirche vorbei, die auch von den ägyptischen Kopten (Urchristen) besucht wird. Pfarrer Mojean, der Schweizer und zweisprachig ist, wird mir später sehr helfen. Die kleine Gasse mit der Bäckerei finde ich sofort wieder, den Apfelkuchen lasse ich mir schmecken – ein wenig Heimat und Heimweh.

Die arabische Welt beeindruckt mich: Die Bettler, Invaliden und Blinden kauern am Boden und flehen um «Bakschisch», die verschleierten und schwarz gekleideten Frauen, die auf dem Trottoirrand sitzen oder auf der Plattform im Tram – sie stillen ihre Kinder, deren Münder an der aus einem Längsschnitt an der Seite ihrer Galabije heraushängenden Brust saugen –, die Händler, die mir nachrennen und Ketten und anderes verkaufen wollen. An Europa mahnen mich die englischen Soldaten, sie sind nur mit weissen Stöcken bewaffnet. Sie flanieren zu zweit durch die Strassen.

Alexandria

Alexandria war 1929 noch von der englischen Armee besetzt. Heute hat es ungefähr drei Millionen Einwohner – genau wusste man es damals auch nicht. Im Grunde genommen waren es etliche Kolonien: etwa die Griechen mit 40'000 Einwohnern. Sie bevölkern die Stadt, seit Alexander der Grosse sie gegründet hat.
Sie haben eine eigene Kirche, Schulen, Gymnasium, Spital, Altersheim, Waisenhäuser für Mädchen (Benaki) und für Knaben (Kanisteri). Es gibt hier geborene Kinder, die nur Griechisch reden können. Die Franzosen besitzen eine Kirche und Schulen. Die Italiener sind mit Schulen und einer katholischen Kirche vertreten. Sie haben in Alexandria das schönste und beste Spital. Der Chirurg Dr. Cerny ist sehr berühmt. Die Engländer sind gut vertreten, aber sie sind sehr reserviert und bilden die oberste Klasse. Die Kinder der verschiedenen Schulen tragen alle Ärmelschürzen. Die Griechen blaukarierte, die Franzosen grünkarierte, die Italiener rotkarierte, die Engländer orangekarierte. Ein Kind, das vom Chauffeur in die Schule gefahren wird, ist in der Schule nicht von einem ganz armen zu unterscheiden.
In Ägypten lebten damals etwa 800 Schweizer, viele in Alexandria, dem grossen Handelsplatz der Baumwolle. Im Viertel beim Hafen leben nicht zu zählende Araber, Syrier, Libanesen, Türken und Sudanesen – Hautfarbe von hell bis ganz schwarz. In den europäischen Vierteln sind die Strassen gut

ausgebaut. Das Wasser, die Elektrizität, die Kanalisation und das Telefon funktionieren.
Amüsieren können mich besonders die Polizisten. Sie haben weisse Uniformen an, die sie schonen müssen. Bevor sie absitzen, breiten sie jeweils ein rotes Taschentuch auf den Sitz aus. Sie verdienen nur drei Pfund, das sind rund 75.– Franken im Monat, und müssen sehr sparen. Ohne «Bakschisch» der wenigen fehlbaren Automobilisten könnten sie die Uniformen kaum waschen lassen. Verursacht ein Automobilist einen Verkehrsunfall, zückt er einfach das Portefeuille und wird dann nicht notiert.
Punkto Bügeln der weissen leinenen Herrenkleider und Uniformen hat ein Araber in einem offenen Verschlag als Bügler, eingerichtet mit Holzkohle-Bügeleisen und einem Tisch, das richtige Rezept: Aus einem Glas Wasser nimmt er einen Schluck und sprüht ihn ganz fein zwischen den Zähnen hindurch auf den Stoff. Das heisse Eisen desinfiziert ja!
Das Hauptverkehrsmittel sind die Esel. Unermüdlich traben die mit schweren Lasten durch die Stadt. Dicke Araber, gros-

Aussicht aus meinem Zimmer

se Säcke – alles tragen sie, ohne zu murren. Wäre dies nicht der beste Umweltschutz für Basel?
Ich komme nochmals auf die Zahl der Einwohner Alexandrias zurück. Falls ein kleiner Angestellter Geld nötig hatte, verlangte er Vorschuss auf der Behörde, weil er den Vater, ein Kind oder sonst einen Angehörigen der Familie zu beerdigen habe. So waren etwa 3000 Personen totgeschrieben, die alle noch lebten. «Bakschisch» spielte in Alexandria eine grosse Rolle – kein Geschäft, keine Abmachung ohne Schmiergelder.

Die Schweizer Kolonie

Sie besitzt ein Clubhaus in «Camp de Cesar» mit eigener Schule in französischer Sprache. Die erste bis dritte Klasse wird von Fräulein Kohlert betreut, die vierte bis sechste von Herrn Junod.
Herr Reinhard, ein reicher Schweizer von Volkart in Winterthur, finanziert die Schule.
Des weiteren besitzt das Klubhaus eine Kegelbahn, Tennisplätze und einen grossen Saal mit einer Bar. Die evangelische Kirche teilen wir Schweizer mit den Franzosen. Gemeinsam mit den Engländern führen wir das kleine Spital. Alle Nationen wohnen in eigenen Quartieren. Alexandria ist im Grunde genommen eine Kleinstadt. Die Häuser in den europäischen Vierteln sind sehr schön und gepflegt. Die Trams sind ein- bis zweistöckig und modern, erste und zweite Klasse. Die Griechinnen sagen, auf den Holzbänken habe es keine Wanzen und Flöhe, wie auf den mit Bast geflochtenen Sitzen der ersten Klasse.

Alltag im Waisenhaus

Ich erhalte nun das Bulletin Suisse. Im Klub ist immer etwas los: Vorträge, Kegeln, Tennisturniere etc.; aber am Abend darf hier niemand ausgehen. Nachts höre ich aber oft, wie eine Kutsche vor dem Waisenhaus hält und jemand – Mlle Georgiades – die Haustüre aufschliesst.
Nun bin ich schon einen Monat im Orphelinat und habe den ersten Lohn bekommen. Es ist im Oktober schön warm, die

grosse Feuchtigkeit hat nachgelassen. Sonntags bin ich fast immer bei Landerers eingeladen, und da man bis Ende November im warmen Meer baden kann, darf ich schon am Morgen mit Mademoiselle und Hans-Peterli nach Bulkoley an den Strand fahren. Landerers besitzen dort eine Kabine.

Schule

Mit dem Französisch geht es gut voran. Die Mädchen verstehen schon recht viel, so dass der Anschauungsunterricht zum Teil wegfallen kann. Wir kochen nun viermal die Woche einfache Mittagessen für das Esszimmer: Mlle Georgiades, Mlle Karandonaki, Kiria, Antigone, (die Surveillantes) und mich. Die Klasse, die die Speisen zubereitet hat, darf auch mitessen, allerdings in der Küche. Zwei Schülerinnen servieren uns. Es ist für die Schülerinnen eine Riesenfreude, einmal etwas Gutes zu essen zu bekommen. Wir kochen meist Suppen und viele «Plaki»-Arten. Braten und Ragout aus Lammfleisch sind geniessbar, das andere Fleisch ist jedoch zäh. Es gibt viele Früchte und Süssspeisen, die gut schmecken. Wir backen auch Kuchen.
Meine Schülerinnen sind mir ans Herz gewachsen.
Im Orphelinat ist es schon ganz angenehm – Schule, Hygiene, Essen –, doch etwas Liebe fehlt.
Hie und da findet eine Hochzeit in unserer Kapelle statt. Das ist chic und teuer. Die Kinder müssen dann singen. Man stiftet dann Geld, um Süssigkeiten zu kaufen. Charidomeni besorgt dann Mandarinen. Das ist gesünder und ersetzt die fehlenden Vitamine. In der orthodoxen Kirche hat es keine Orgel, die menschlichen Stimmen ersetzen sie. Sonntags predigt der Pope. Unsere Mädchen müssen stehend singen. Oft fällt eines der Kinder um.

Abends im Orphelinat

Poulia, unsere Surveillante, hustet stark am Tisch; sie hat auch keinen Appetit. Trotz Arzt und Medikamenten will es nicht besser werden. Die Directrice ist sehr besorgt. Ephtichije erzählt mir nun, dass letztes Jahr zwei Waisenkinder an Tuberkulose gestorben seien: General Plastira in Athen, der Held des letzten griechisch-türkischen Krieges, habe auf dem Schlachtfeld zwei kleine Mädchen aufgelesen, und diese gesundheitlich geschwächten Kinder zur besonderen Obhut von Mlle Georgiades nach Alexandria ins Orphelinat gebracht. Dort sei Tuberkulose festgestellt worden. Die Kinder sind dann ins teure italienische Spital eingewiesen worden, wo beide Kinder leider gestorben sind. Ein schwerer Schlag für die so selbstbewusste Directrice.

Die Braut verliert den Schuh

Am Abend bei Tisch im Orphelinat gibt es nur noch ein Thema: die Hochzeit der Tochter des reichsten Griechen in Alexandria, welche in der Kapelle in unserem Hause stattfinden soll. Natürlich lasse ich mir diese Zeremonie nicht entgehen – schon allein wegen der hübschen mit Dragées (Zuckermandeln) gefüllten Bonbonniere nicht. Diese werden jeweils an die Anwesenden verteilt.
Dass es besonders wohlhabende Leute sind, sieht man an den luxuriösen Limousinen, die ausnahmsweise in unserem Hof parkieren dürfen. Die Waisenkinder sind bereit zum Singen. Sie tun dies gerne, bedeutet es doch auch für sie ein abwechslungsreiches Schauspiel. Auch wir Zuschauer müssen stehen, aber es dauert ja keine Stunde. Da kommen auch schon die Gäste in wunderschönen Ballkleidern bzw. die Herren in Frack und Zylinder. Der Vater führt die hübsche, in weisse Seide gekleidete Braut am Arm, die Mutter den zukünftigen Schwiegersohn. Nun treten Braut und Bräutigam vor den Altar. Der Pope hält eine längere Predigt, von der ich nur einzelne Worte verstehe.
«Da...!!! – Haben Sie es auch gesehen?» – Da schlüpft doch die Braut aus dem Schuh und steht nur noch auf einem Bein. Ist der Schuh zu eng? Nach einiger Zeit versucht sie wieder in den Schuh zu schlüpfen, findet ihn aber nicht mehr. Nun nimmt der Pope der Braut den Kranz mit der Schleife und dem langen Band aus weisser Seide vom Haupt. Er segnet damit das Brautpaar und die Angehörigen. Die Braut steht im-

mer noch auf einem Bein und versucht verzweifelt den Schuh zu angeln, was ihr – oh Schreck! – nicht gelingt.
Da der Altar auf einem Podium steht, haben die Zuschauer, trotz des langen Kleides der Braut, gute Sicht auf das Geschehen. Wir müssen alle das Lachen verbeissen. Auch aus dem Gesang der Kinder ertönen glucksende Töne. Der Pope legt nun den Brautkranz auf das Haupt des Bräutigams. Dreimal sollte er nun den Altar umkreisen. Etliche Male muss der Pope auch die Braut auffordern, dem Ehemann zu folgen. Endlich hat sie es geschafft in den Schuh zu schlüpfen, und sie ergreift das lange Band. Nun kann der Ehemann den Altar dreimal umkreisen. Die Braut läuft hinterher – das Ende des am Brautkranz befestigten Bandes fest in der Hand haltend. Ist dies das Sinnbild der Unterwerfung der Braut oder führt sie ihn am Gängelband? Die Angehörigen bewerfen nun das Brautpaar mit Reiskörnern – das Sinnbild der Fruchtbarkeit.

Fahrt nach Viktoria-Station

Oh, wie froh bin ich, dass es wieder Donnerstag ist, mein freier Nachmittag. Da fahre ich mit dem supermodernen zweistöckigen Tram nach der Endstation Viktoria. Die Fahrt dauert etwa 20 Minuten: zuerst durch die europäischen Viertel, schöne Villen und gepflegte Gärten, dann Sanddünen und armselige arabische Behausungen. Diese sind ganz aus Lehm, so dass sie in der kurzen Regenzeit oft zusammenfallen. Lustig sind die Türmchen auf den Flachdächern, die auch aus Lehm geformt sind – die Taubenschläge. Plötzlich fährt das Tram durch einen Palmenhain. Dort holen Frauen Wasser aus einem Ziehbrunnen, das sie dann in Tonkrügen auf dem Kopf balancieren.
Endlich die Endstation Viktoria, nichts als Sand und etliche Plakate: «Achetez des terrains de Siouf». Hätte ich damals gekauft, wäre ich heute reich, denn das Terrain ist mit Häusern überbaut. Aber Nasser hat alles konfisziert.
Alexandria hat heute sechs Millionen Einwohner – und die schöne «Corniche» ist heute verbaut! Ich würde heute von meinem Fenster aus im Orphelinat das Meer nicht mehr se-

hen können, schade – keine Aussicht mehr! Und die Strasse ist sehr lärmig, da es dort jetzt viele Autos hat. Auch mit dem so komfortablen Tram könnte ich dort nicht mehr fahren, es soll keine Fensterscheibe mehr intakt sein. Die Araber hängen wie die Trauben an den Türen. Auch sollen alle Strassen in Alexandria sehr schmutzig sein.
Abends bin ich wieder im Waisenhaus, sitze wieder vor den öligen Fischen. Ich weiss nicht, wie die Griechinnen mit den Gräten fertig werden, schlucken sie sie?
Aber eine grosse Neuigkeit: Die Surveillante Artemis wird uns verlassen! Sie heiratet und wird in Athen von ihrem zukünftigen Mann erwartet. Stolz erzählt sie uns, dass sie ihrem «Trousseau» viele Wäsche selbst bestickt habe. Sie ist glücklich, dem Waisenhaus «adieu» zu sagen.
Samstags werden wieder alle Kinder gebadet. Die grösseren Mädchen haben das Geschick, Haare zu schneiden. Die Kinder sind auch nett angezogen – blauweiss gestreifte Röckchen mit weissem Kragen, im Winter mit blauen wollenen Matrosenkleidchen.

Fahrt nach Viktoria

Sauber ist es hier. Die zwei Syrierinnen waschen den ganzen Tag die Böden und Treppen auf. Es ist ständig nass und riecht nach Chavellewasser im Haus.
Eigentlich gefällt es mir hier. Alle sind so nett, die Schülerinnen sind problemlos. Ans Menu muss man sich halt gewöhnen. Am Tisch wird griechisch gesprochen, so dass ich nichts verstehe. Aber mit der Zeit werde ich es lernen. Auf alle Fälle verstehe ich es immer, wenn ich etwas nicht hören sollte. Ich habe auch einen neuen Namen: «Mademoisell-aki». Aki ist gleich wie ...lein oder ...li. Ich mache mir den Spass, an alle Wörter, die ich schon kann, das «Aki» anzuhängen.
Nun kenne ich meine Kolleginnen auch schon besser: Die Directrice Mlle Georgiades hat anscheinend im griechisch-türkischen Krieg grosse Kinderflüchtlingslager geführt. Die Sous-Directrice, Mlle Karandonake, eine Dame, Tochter eines Arztes und Schwester des Konsuls von Beirut, ist korrekt und gerecht. Dann die beiden hübschen, jungen Lehrerinnen Percephoni und Kula, die extern bei ihren Familien wohnen. Antigone, Lehrerin der ersten und zweiten Klasse, wohnt im Hause. Die Kinderbetreuerinnen: Poulia hübsch, reserviert, kann nur wenig französisch, und Staphrinou, ein stolzes Persönchen, meint, mit Puder könne sie ihre etwas dunkle Haut aufhellen. Nun zu Ephtichije Vangalatou: sie ist mir von allen die Liebste. Ich kann sie immer um Rat fragen, sie hilft mir, wo sie kann. Ihr Grossvater sei Deutscher gewesen, und sie ist auch aufrichtig. Viel später wird sie in Fribourg auch das Haushaltungsseminar besuchen, aber ihre Schulbildung und das Französisch reichen noch nicht aus und so besucht sie die «Ecole des nurces». Nach einem Aufenthalt von sechs Jahren in England kann sie, da sie ausser griechisch auch englisch und französisch spricht, in Genf am Kinderhilfswerk arbeiten. Ich habe sie dort später ein paarmal getroffen; einmal erzählte sie mir stolz: «Ich bin nun Genferin, der Conseiller d'Etat hat mir die Urkunde persönlich heimgebracht.»
Vom «Telefon», von Sultana habe ich schon berichtet, sie ist Mlle Georgiades total ergeben, aber mit der Zeit lerne ich, ihre Intrigen zu meinem Vorteil auszunützen.
Die Seele des Hauses ist aber Charidomeni, sie ist der gute Geist und die Hilfe in der Not. Sie betreut die kranken Kinder,

und obwohl sie nicht lesen kann, kennt sie jedes Medikament und seine Anwendung genau. Das Krankenzimmer ist bei unseren Kindern sehr beliebt, denn dort gibt es Milch zu trinken. Man reibt einfach das Fieberthermometer mit dem Taschentuch etwas warm und treibt so das Quecksilber hinauf. Dieses System klappt nicht immer, und zwar dann, wenn es mal aus Unachtsamkeit auf 42 Grad Celcius gerieben wird! Mlle Georgiades macht dann ein Riesentheater und die «Verbrecherin» erhält Schläge mit dem Meerrohrstock.
Nun zu schöneren Tagen in Schweizer Familien: Oft werde ich sonntags bei Familie Landerer oder von anderen Schweizern eingeladen. Ich darf nun schon den Club, der nur eine Station von Chatby in «Champ de César» ist, aufsuchen. Besonders Fräulein Surbeck nimmt sich meiner an. Sie hat einen jüngeren Bruder, den sie «mon petit frère» nennt. Beide sind in Alexandria geboren und können gut arabisch. Sie geben mir gute Ratschläge. Fräulein Surbeck kann auch aus dem Kaffeesatz die Zukunft voraussagen. Dies tut sie jeweils an den Schweizer Festen im Klub und hat dort, als Araberin verkleidet, einen Riesenerfolg.
Einmal fragt der alte Araber, der dort beschäftigt ist: «Mlle, je pend les ‹pattes› sur la terrasse?» Fräulein Surbeck erklärt: «Das sind nicht ‹Lumpen›, sondern meine Wäsche.» Achmed habe ihr damit zeigen wollen, dass er auch Französisch könne.
Sie sei gezwungen, einen arabischen Diener zu beschäftigen: wer würde sonst den Unrat wegräumen, den die arabischen Mieter in den oberen Stockwerken ins Treppenhaus und aus den Fenstern hinauswerfen?

Hüpfen schadet den Sandalen

Im Orphelinat haben wir keinen Garten, aber einen grossen, geteerten Hof, den ein hohes Gitter umschliesst. Links und rechts stehen eine Reihe schattenspendender Platanen. Darunter je drei Bänke. Jede Bank für eine Schulklasse. Wehe, wenn die Direktorin ein Kind mal bei einer anderen Bank antrifft! Das arme Kind muss sofort ins Haus.

Nun sehe ich, dass meine Schülerinnen mit einem Stück Kreide ein ähnliches Spiel, wie wir es in der Schweiz als «Himmel und Hölle» spielen , aufgezeichnet haben. Ich sage, dass ich es kenne und hüpfe auch mit. Alle haben sie eine grosse Freude – nicht lange! Mlle Georgiades lässt mich rufen: «Cessez ce jeu, les enfants abiments leurs sandales!» (Hören Sie auf mit dem Spiel, die Kinder beschädigen ihre Sandalen!). Sie hat uns wohl vom Fenster aus zugeschaut. Dies ist mir eine Lehre. Ich kann nur heimlich den Mädchen etwas mehr Freude machen (aufpassen, dass Sultana nichts rapportiert!).
Als ich sehe, dass meine Schülerinnen von ihrem Stück Kuchen, den sie gebacken haben, noch ihren Geschwistern oder Freundinnen etwas abgeben, lasse ich noch grössere Kuchen backen. Auch erwische ich hie und da eines, das im Vorratsraum ihr Brot mit Öl und Zucker bestreicht. Ich lasse es dann nur die Spuren wegwischen.

Besuchstag

Dieser findet jeweils am ersten Sonntag im Monat von drei bis vier Uhr statt. Das Schlimmste daran ist aber, und es tut mir so weh, dass Eltern, Verwandte oder Freunde der Kinder diese nur im Hof hinter den hohen Gittern sehen und sprechen dürfen. Den kleinsten gelingt es noch, das Köpfchen zwischen die Gitterstäbe zu zwängen, um so ein Küsschen zu erhaschen. Ich kann diesem traurigen Spiel nicht zuschauen. Leider bekommen nicht alle Besuch.

Regenzeit

Ende November fängt die Regenzeit an. Nicht, dass es ununterbrochen regnen würde, nein: Sonne, dann plötzlich ein Platzregen, wieder Sonne, eine dunkle Wolke, wieder eine «Schütti», so wechselt es sich ab. Man kann nicht ohne Schirm ausgehen. Es wird auch recht kühl und im Hause werden Wolldecken verteilt sowie Socken für die Kinder.
Ein Häufchen Elend ist in meine untere Klasse eingetreten. Dimitra heult eine ganze Woche lang. Sie hat Heimweh. Ihre

Mutter arbeitet als Wäscherin, kann aber das Kind nicht mehr zu Hause ernähren. Dimitra spricht etwas Französisch (Strassenjargon). Nach einiger Zeit versiegen die Tränen und sie wird fröhlich und alle Tage runder. Sie hat sich bei Sultana «lieb Kind» gemacht und hilft ihr beim Brotschneiden und Verteilen. Das Brot ist schlecht, ein weiches Kastenbrot von bläulicher Farbe – wohl ein Mittel gegen Ungeziefer. Dimitra wird eine sehr gute Schülerin werden, hilfsbereit und bei allen beliebt. Sie ist ein Flüchtlingskind (der türkisch-griechische Krieg war damals erst ein paar Jahre beendet).
Kinder, die aus geordneten Verhältnissen stammen, bereiten weniger Schwierigkeiten in der Erziehung.

Meine Schwierigkeiten

Abends am Tisch kann ich nichts essen. Warum? Ich habe Durchfall. Alle sehen mich konsterniert an. Sultana muss mir nun eine Mokkatasse, die Zitronensaft und Rizinusöl enthält, bringen. Diese Prozedur wird am anderen Tag wiederholt. Am dritten Tag wird der Darm mit einem Reispapp mit Zitronensaft wieder beruhigt. Dieses Rezept der Orientalen ist gar nicht dumm, denn die Mikroben und Bakterien werden sofort «durchgeputzt», und es half besser als all die damaligen Medikamente. Ich habe diese Prozedur noch oft erdulden müssen.
So lange ich mit den Schülerinnen viermal pro Woche koche und auch mitesse, geht es mir noch relativ gut, und sonntags esse ich bei den Schweizer Familien, jedenfalls bis zu den langen Sommerferien.
Das Essen des Personals, das wie die Suppen der Waisenkinder im Sissidon (Volksküche für Schulen, Altersheim und Spital) gekocht wird, bringen die Araber schon stundenlang vorher, und stellen es einfach im Gang auf einen Tisch – Fliegen naschen daran! Wenn ich heute im Orphelinat essen müsste, würde ich die heissen Suppen vorziehen, die in grossen, geschlossenen Kesseln gebracht wurden. Die Kinder hatten selten Darmstörungen, ihre Suppen waren bakterienfrei.
Die Rosskur mit Rizinusöl wirkt. Ich muss nachts öfters das Badezimmer mit Toilette aufsuchen. Einmal kann ich dabei ei-

nen Schreckensschrei kaum unterdrücken, eine Gestalt in dunklem Kaputzenmantel kommt mir entgegen und verschwindet wieder. Gespenster im Waisenhaus? Ephtichije löst das Rätsel: Es ist die Directrice, die nachts, wenn sie nicht schlafen kann, durch die Schlafsäle und Gänge wandelt. Sie ist zuckerkrank und deshalb so launisch und unberechenbar. Oft riecht es nachts im ganzen Haus nach gebratenen Hähnchen, die ihr Sultana zubereiten muss.

Sprachstudien

Ich habe mir von einem arabischen Strassenhändler eine Halskette eingehandelt. Stolz zeige ich sie beim Abendessen meinen Kolleginnen. «Mademoisell-aki, Sie haben sich hereinlegen lassen und viel zu viel bezahlt», ist ihr Urteil. Mit der Zeit lerne ich auch die Preise herunterzuhandeln; mindestens siebenmal so tun, als ob man davonliefe.
Die griechische Sprache ist sehr schwierig zu lernen. Malista oder né: ja; ochi: nein; cala: gut («Caladermacreme!!). Einige Wörter, die auch zu Hause im Gebrauch sind: Cosmos: die Welt; Gramma: der Brief; Chroñion: die Ecke. Mit Charidomeni und Sultana muss ich mich, so gut es geht, auch mit Gesten verständigen. Die Kolleginnen möchten mir arabisch beibringen: «Mademoisell-aki, Sie haben eine maximale Aussprache.» (Kunststück, mit meinem «Ch» im Bärndütsch).
Artemis, die Kinderbetreuerin, reist nun ab nach Athen um Hochzeit zu feiern. Sie ist so glücklich. Aber wie wir später erfahren, hat sie doch nicht geheiratet. – Hat sie ihm, oder er ihr, nicht gefallen? – Alle bedauern sie sehr, Heirat war damals das Maximum von Glück. Artemis soll dann mit einer amerikanischen Familie als Kindermädchen nach USA gereist sein. Vielleicht findet sie dort einen Amerikaner und geniesst jetzt dort die Freiheit, die sie als Frau in Athen nicht gehabt hätte.
Ich verdiene hier acht Pfund im Monat, plus Reise, Kost und Logis (1 ägyptisches Pfund sind etwa 26 Schweizer Franken). In der Schweiz wäre der Lohn als Haushaltungslehrerin in einem Pensionat etwa 180 Franken . Meine Schwester in Basel verdient nach vier Jahren Handelsschule bei einer Treuhandfirma 150 Franken und muss davon an Grossmam und Tante

Marie 100 Franken für die Pension bezahlen. AHV gab es damals für alte Leute und Witwen noch nicht. Tante Marie gab einige Gesangsstunden. Es war selbstverständlich, dass Söhne und Töchter, je nach ihren Verhältnissen, für die Eltern aufkamen.
Im Internat in Fribourg waren die Sitten damals noch strenger. Lange Ärmel und Jupes bis über die Waden. Wenn wir zur Chemie- oder Physikstunde in die Universität oder in die Stadt gingen, banden wir ein Gummiband um die Taille und krempelten den Jupe bis zu den Knien hinauf. Hätte man uns bei einem Rendezvous erwischt, wären wir aus dem Internat geflogen. Baden durften wir nur alle 14 Tage (allein im abschliessbaren Badezimmer!). Trotzdem sollte man ein langes Baumwollhemd dazu anziehen. Wir machten dieses nur nass; wehe, wenn man es vergass, dieses Lamento von Sr. Julia.
Einige Tage vor meiner Abreise nach Alexandria werde ich Zeugin eines Riesenkrachs: Meine lustigen Kusinen sind für ein paar Tage hier bei Tante Marie und Grossmama. Pouponne (Luise), Kunstschülerin der Ecole des beaux-arts in Genf, und May aus la Chaux-de-Fonds, Studentin für einige Semester in Basel. Wir haben es sehr lustig zusammen. Mit hochrotem Kopf steht Tante Marie vor den beiden Übeltäterinnen und kanzelt sie ab: «Sie haben ja eure Hosen gesehen, und..!!»
Der Tatbestand: Tante Marie ist auf dem Heimweg über die Wettsteinbrücke. Per Zufall fällt ihr Blick auf die Anlage unter dem Ende der Brücke. Die Schamröte steigt ihr ins Gesicht; was sieht sie? Ihre Nichten, die dort unten in der Anlage mit Studenten «Böcklisatzen». «So etwas Unanständiges…, man sieht Eure Hosen.. und…!!
Tante Marie datiert noch aus der Zeit der «Spalentorhosen» – so nannte man in Basel die Damenhosen, deren Hosenbeine in der Mitte nicht zusammengenäht waren –, man kann sie auf dem «Hüsli» nur auseinanderschieben. Ich weiss noch, wie ich meine Mutter darum beneidete; sie reichten ihr übers Knie und hatten Volants mit St. Gallerspitzen. Ich hingegen musste mein Höschen umständlich vom «Gstältli» aufknöpfen.
Es fehlte nicht viel und die beiden wären heimgeschickt worden. Ich drehte mich um, denn ich musste mir das Lachen ver-

beissen. Was unter dem Bauchnabel war, besass damals keinen Namen. Wo bleiben die Prinzipien von Tante Marie heute?

Türkischer Kaffee

In ein kupfernes Kännchen mit langem Stil wird ein Moccatässchen Wasser eingefüllt und dann auf einem Spiritusflämmchen zum Kochen gebracht. Ein Kaffeelöffel Zucker beigefügt und ein gehäufter Kaffeelöffel türkisch-gemahlener Kaffe hineingeschüttet, aufgekocht und einen Augenblick stehen gelassen. Dann ein wenig kaltes Wasser nachgiessen, damit der Kaffeesatz sich setzt. Nun vorsichtig in die Mokkatasse giessen und trinken. Aus dem Kaffeesatz kann man die Zukunft herauslesen.

Weihnachten im Waisenhaus

Einen Tannenbaum gibt es in Alexandria kaum. Man müsste eine teure Zeder aus dem Libanon kommen lassen. In der orthodoxen Kirche ist Ostern die wichtigste Feier. Im Orphelinat bekommt jedes Kind Konfekt, eventuell Mandarinen und Farbstifte. Dazu wird von den Angehörigen, wenn möglich, ein kleines Geschenk gespendet. In der Kapelle hält der Pope eine Andacht, die Waisenkinder singen. Zum Nachtessen gibt es eine Süssspeise. Uns Angestellten stiftet die Directrice eine Torte und wünscht uns allen frohe Weihnachten.
Am heiligen Abend bin ich bei Landerers eingeladen – sie haben einen künstlichen Weihnachtsbaum und eine schöne Krippe. Die gut gelungenen Figuren hat Frau Landerer selbst modelliert.
Oh, wie schön ist diese Weihnacht hier! Wie schmeckt das Essen gut, das der Koch bereitet hat. Ich danke der so lieben Schweizer Familie für das schöne Fest.
Auch im Schweizerclub finden verschiedene Anlässe statt. Abends darf ich jedoch nicht ausgehen. Aber am Weihnachtsfestchen der Schweizer Schüler, das am Nachmittag stattfindet, ist es sehr festlich – Krippenspiel und Lieder. Dort lerne ich die junge Lehrerin, Fräulein Kohlert von der Schweizer-

schule, kennen. Auch wurde ich weiteren Schweizer Familien vorgestellt, die mich in der Folge öfters einluden.

Winter (Dezember bis Februar)

Nun ist es kalt geworden – Tage bei 6 Grad Celsius, ohne Heizung. Eine zweite Wolldecke nützt nicht viel, ich friere. Herr Landerer rät mir, wie beim Militärdienst, mich in die Wolldecke einzuwickeln und mit der zweiten zuzudecken. So gehts besser; aber gefroren wie hier, habe ich trotzdem in der Schweiz noch nie! Ich lasse mir von Sultana zwei Limonadenflaschen mit heissem Wasser füllen. Nun sitze ich im Bett, links und rechts eine heisse Flasche, und korrigiere die Hefte. Mit dem Französisch geht es vorwärts. Ich kann nun mit der Grammatik anfangen. Diese muss ich vor jeder Stunde neu studieren und nachholen, was ich damals in der Schule für unnötig befunden hatte. Auch die anderen Fächer, wie «Economie domestique», «Comptabilité», «Coupe», «Raccomodage» können nun gut verständlich behandelt werden. Auch lerne ich den Schülerinnen stricken.

Eine weisse Haut ist vornehm

Das neue Jahr bringt nichts Neues, es geht so weiter wie bisher. Gott sei Dank hat das Haus eine riesengrosse Dachterrasse. Dort ist die Aussicht wunderschön – die Weite des Meeres, die Stadt Alexandria, die Unendlichkeit. Dort kann ich mich an der guten Luft bewegen, dort fühle ich mich frei.
Auf der Dachterrasse hat es einen Aufbau, die Waschküche. Zwei Syrierinnen waschen täglich die Wäsche von Hand (damals gab es noch keine Waschmaschinen) und hängen sie auch dort auf der Terrasse auf. Ist etwas nicht sauber, so wird es noch einmal oder, wenn nötig, mehrmals nass gemacht. Die Sonne bleicht alle Flecken.
Dort treffe ich die Surveillante Staphrinou, ich plaudere mit ihr. Doch nach einigen Minuten sagt sie plötzlich: «Mon dieu, mon teint!» Ich staune, sie ist wirklich um etliches dunkler geworden.

Abends höhlen einige Griechinnen das Brot aus und nehmen das Weiche mit aufs Zimmer. Ephtichije klärt mich auf: «La mie du pain wird mit Zitronensaft geknetet und als Maske aufs Gesicht gestrichen. Am Morgen ist der Teint wieder hell.» Ab März werde ich, so oft ich kann, nach Bulkeley schwimmen gehen. Meine Kolleginnen sagen mir mit Entsetzen: «Mademoisell-aki, vous avez l'air comme une Arabe.» Die Orientalinnen gehen selten an den Strand, oder sie sitzen dort mit Hut und grossem Schleier. Jetzt im kalten Januar baden nur einige verrückte Engländer im Meer.
Artemis, die nach Athen reiste, ist nun durch Kiria Papadopulou ersetzt worden. Sie ist der Schrecken der Kinder und meiner Kolleginnen. Wir nennen sie «telephone sans fil» (drahtlose Nachrichten). Alles rapportiert sie der Directrice. Sie schlägt die Kinder; ich kann nicht alles aufzählen. Sie ist gestraft genug durch ihre Hässlichkeit. Kiria Papadopulou ist etwa 40–50 Jahre alt, hat weisse Haare, einen riesigen Unterkiefer und vorstehende Zähne. Man hat ständig Angst, von ihr gebissen zu werden. Sie ist dick und watschelt wie eine Ente (keine schöne Helena).
Die Atmosphäre ist bei Tisch noch schlechter geworden. Dafür erlebe ich bei verschiedenen Schweizer Familien und im Klubhaus schöne Freitage. Dort lerne ich auch ein junges Mädchen kennen, das hier geboren ist. Sie arbeitet als Sekretärin in einer französischen Firma. Sie lebt mit ihren Eltern in einer einfachen Wohnung, ihr Vater ist Angestellter. Sie führt mich in den YWCA-Club (Young Womans Christians Association) ein.
Miss Lee, die Leiterin, lebt in einer grossen Wohnung in der «Avenu Fuad». Man erhält alle Monate ein Bulletin, darin sind alle Zusammenkünfte, Vorträge, Ausflüge und Einladungen aufgeführt. Dort verbringe ich viele glückliche Stunden.
Anfang Februar hört die Regenzeit auf, es wird plötzlich angenehm war, alles ist grün, das Gras, die Palmen und viele Blumen blühen über Nacht. Die Geranien sind hier die dankbarsten Pflanzen, sie blühen das ganze Jahr, erstarken zu kleinen Büschen.

Herr Landerer sagte mir, dass man während der Regenzeit den Rasen nicht säen könne. Dies geschieht im Treibhaus. Die nötige Erde muss kubikmeterweise herantransportiert werden. Dann werden die Rasensetzlinge, Pflanze für Pflanze, mit dem Setzholz gesetzt. Er muss dann täglich gespritzt werden.

Abenteuer in der Wüste

«Bitte kommen Sie morgen schon um 10 Uhr zu uns in die Rue Bolbitine, wir wollen in die Wüste fahren.»
Im Februar und März ist es wie im Bilderbuch, so schön warm und gar nicht mehr feucht. Sonntags ist nun bei den Schweizer Familien viel los. Der Koch bereitet ein Picknick vor. Der Chauffeur, der Diener und der Gärtner laden Schaufeln, Pickel und leere Säcke in die Autos. Ich staune – gehen wir auf Schatzsuche?? Es sind noch zwei weitere Autos von anderen Schweizer Familien da, die auf uns warten. Sie sind ebenso mit Material beladen, wie unser Auto. Nun gehts los!
Zuerst fahren wir durch die europäischen Viertel, dann werden die Strassen enger und wir geraten in die arabische Gegend – viele Araber, Kinder und Esel sind unterwegs. Plötzlich ein Araber, der auf unser Auto zuspringt, die Arme verwirft und dramatisch hinfällt! Herr Landerer reisst einen Stopp: «Herrgottsdonnerwetter, der will sich wieder einen Bakschisch verdienen!» Wir steigen aus, der Araber hat sich mit lautem Schmerzensgeschrei direkt vor die Räder gerollt, er streckt einen Arm hoch – die Wunde ist schon verkrustet und nicht von heute. Es gibt einen Menschenauflauf.
So machen es die Araber, werfen sich vor die Autos, aber so, dass ihnen nichts passiert. Sobald wir ausser Sichtweite sind, rennt er wieder vergnügt davon, wenn er mit seinem Theater mindestens eine Pfundnote verdient hat. Es ist leicht verdientes Geld, mit diesem kann er einen Monat leben.
Weiter, dann endlich zwei Strassenwindungen, sogar auf einen Pass hinauf, der nicht höher als 30 Meter ist. Dort oben steht ein steinernes Tor. Es wird sogar dramatisch: Dieses Tor wird von zwei Arabern behütet, die mit Gewehren bewaffnet sind. Wir werden von den Wächtern angehalten. Meine Be-

kannte erklärt mir, dass wir die Richtung, die wir fahren, die Zahl der Personen und der Autos, sowie die Zeit der Heimkehr angeben müssen, damit man uns suchen kann, falls etwas passieren sollte. Wir fahren nämlich durch das Tor in die Wüste – die Strasse hört hier auf! Das Gelände wird uneben, Sand, Steine und Dünen wechseln sich ab. Die Piste ist alle paar hundert Meter durch leere Bidons markiert. Man wird schrecklich durcheinandergerüttelt und ich denke: armes Chrysler-Auto.

Halt..., schon sind wir festgefahren! Alles aussteigen! Die Diener, die im kleinen Ford folgen, steigen ebenfalls aus. Sie schaufeln und pickeln die Räder vom festen Sand frei und legen Säcke unter die Räder. Jetzt müssen sie noch das Auto fest anschieben, bis es wieder fährt.

Die beiden anderen Autos haben eine andere Route gewählt und sind dort ebenfalls festgefahren. Auch bei ihnen geht das Schaufeln und Pickeln los, wieder aussteigen, wieder einsteigen. Dies wiederholt sich den ganzen Vormittag.

Aber plötzlich sieht man kleine, grüne Flächen. Oh, wie schön! Ich träume, wohl gar in der Schweiz auf einer Alp zu sein. Alles ist blau-lila von krokusähnlichen Blumen übersäht, wie auf unseren Alpweiden. Nie hätte ich mir dies träumen lassen. Hie und da schauen auch Grasbüschel zwischen den Steinen und dem Sand heraus. An anderen Stellen haben Beduinen auch etwas Gerste gesäht. Dieses Wunder hat das bischen Regen hervorgebracht.

Wir begegnen Zelten der Beduinen – wie in unserer Kinderbibel: Einige Geissen grasen auf den spärlichen Weiden. Beduinenkinder springen hinter uns her: «Bakschisch!»

Es ist unwahrscheinlich schön hier, diese Weite, diese Ruhe! Plötzlich sehe ich, als wir weiterfahren, einen Palmenhain am Horizont, Häuser, sogar ein Kamel grast dort. «Werden wir in dieser Oase Picknick machen?» «Nein», werde ich ausgelacht, «das ist eine Fatamorgana, hier wachsen keine Palmen.»

Irgendwo unterwegs in der Wüste verteilt der Koch das mitgebrachte Mittagessen. Und weiter geht es. Aussteigen, wieder einsteigen.

Abends tun mir alle Knochen weh, und ich schlafe vor Müdigkeit schnell ein. Dieses Spiel wiederholt sich an den weiteren Sonntagen im Febraur und März. Im Orphelinat schütteln alle die Köpfe, als ich ihnen die Abenteuer schildere. «Diese verrückten Schweizer! Wie die Engländer!»

Erfahrung im Orient

Es ist Samstag nachmittag, ich habe keine Schule. Die Mädchen werden gebadet.
Es klopft. Man bittet mich zu Mlle Georgiades ins Bureau zu kommen. Was ist los? Im Bureau sind ausser ihr noch Mlle Karandonaki, die Sous-Directrice, und die T.S.F. (drahtloses Telefon), Mlle Papadopulou, anwesend.
Hat diese mich wieder einmal «verrätscht?»
Das Gespräch will nicht so recht zustande kommen. Mlle Georgiades bietet uns Konfitüre an. Die beiden anderen lehnen ab. Ich will sie nicht beleidigen und akzeptiere. Sie reicht mir ein kleines Glas Konfitüre und ein Glas Wasser.
Dieses werde ich nicht trinken – haben mir doch schon die Engländer auf dem Schiff geraten, ja kein Wasser zu trinken! Nun tauche ich den Löffel in die Konfitüre – ein dicker süsser Zuckersirup, in dem verschiedene Fruchtstückchen schwimmen –; nach einem Löffel habe ich genug, aber ich zwinge mich, einen zweiten Löffel dieser Konfitüre zu essen. Es ist mir aber unmöglich, den ganzen Inhalt des kleinen Glases fertig zu essen. An den konsternierten Gesichtern der Anwesenden sehe ich, dass ich einen schweren «Faux-pas» gemacht habe.
Ephtichije: «Man isst nur einen Löffel Konfitüre und muss rühmen, wie gut es schmeckt, auf keinen Fall taucht man den abgeschleckten Löffel wieder in das Glas.»
Die beiden, Mlle Karandonaki und Mlle Papadopulou, verschwinden.
Was soll das bedeuten? Nun überreicht mir die Directrice eine kleine Gipsbüste von Schiller mit den Worten: «C' était un grand écrivain de votre pays.» (Dies war ein berühmter Schriftsteller Ihres Landes).
Ich muss das Lachen verbeissen – auf welchem Bazar hat sie wohl die Gipsbüste aufgetrieben?
«Mademoiselle, ich bin so froh, dass sie so tüchtig sind. Sie

haben in kurzer Zeit den Schülerinnen viel französisch beigebracht und auch in den Theoriestunden und den Kochstunden ist alles perfekt, so wie Sie unterrichten. Ich kann Sie nur rühmen, und ich habe Sœur Marie-Marthe nach Fribourg geschrieben, wie zufrieden ich mit Ihnen bin.»
Ich bin froh, dies zu hören, ich gebe mir ja auch alle Mühe. Aber wozu dieses Theater?
Dieses Glück dauert nur bis kurz nach dem Nachtessen. Die Directrice nimmt mich beiseite: «Mademoiselle, darf ich Sie um etwas bitten? Die Töchter von Charidomeni, (14 und 15 Jahre alt, sie dürfen in der Stadt eine Lehre als Schneiderinnen machen), können noch gar kein Französisch. Darf ich Sie bitten, den beiden abends viermal die Woche je eine Französischstunde zu geben?»
«Ja, ich tue es gerne, schon Charidomeni zuliebe, obwohl mein Programm laut Vertrag schon ausgelastet ist.»
Etliche Male wollte Mlle Georgiades mich schon mit ins Kino nehmen. Heute abend tut sie es wirklich. Wir fahren in einem Kütschlein in die Stadt, ins Kino Royal, ein vornehmes Haus. Es läuft ein griechischer Film.
Ein Schauspieler, der Charly Chaplin mit seinem Stöckchen imitiert. Ich finde ihn blöd, gebe mir aber trotzdem Mühe, auch zu lachen, wenn die Directrice schallend lacht. Ich verstehe auch die Pointen nicht, da nur griechisch gesprochen wird.
Ich danke ihr trotzdem für den netten Abend.

Ägypten

Dank des Nils war es stets ein reiches Land mit etlichen grossen Städten. Schon 2950 v. Chr. kannte es Schriftzeichen. Der erste König war Aho, dann Menes. Sie liessen die ersten Stufenpyramiden in Sakkara bauen und wurden in Königsgräbern beigesetzt. Die Regierung amtete in Memphis.
Könige mit lustigen Namen wie Pepi und Teti folgten. Pepi II war schon mit sechs Jahren König und soll 94 Jahre lang regiert haben. Man pflegte Handelsbeziehungen mit Kreta, Zypern und den ägäischen Inseln. Es wurden Bewässerungskanäle ausgehoben.

Die Semiten besiegten Ägypten für kurze Zeit. Aber 1600 v. Chr. wurden die Feinde vertrieben. Es folgte eine Periode des Reichtums. Das neunte Reich dehnte sich bis zum Euphrat und nach Babylon aus. Zahlreiche Grabstätten wurden mit Inschriften versehen. Die Tage der Könige gingen zu Ende und im sechsten Jahrhundert fiel Ägypten an die Perser und 333 v. Chr. an Alexander den Grossen.

Segelschiff auf dem Nil

Erinnerungen

Ein Fotoalbum aus der Zeit «1929 – damals in Alexandria» liegt vor mir!
Das schöne Waisenhaus, die Waisenkinder, meine Schülerinnen auf Gruppenbildern im Hof, im Klassenzimmer, in der Küche. Hier, Alexandra, ein hübsches Mädchen, sie sorgt wie eine Mutter für ihre zwei kleinen Schwestern, und hier, die scheue Helena, sie hat Mühe. Dann Callioppi – sie ist sehr intelligent. Ein Beispiel: Ich lasse sie einen unbekannten Text lesen und sage dann: «Erzähle mir, was Du verstanden hast.» Sie kann mir dann wörtlich genau sechs bis acht Zeilen fehlerfrei wiedergeben.
Gut sichtbar hier Vallianni, blond, mit blauen Augen und einem fast durchsichtigen Teint. Sie ist sehr unkompliziert,

wird aber, wie mir Ephtichije später erzählte, auch an Tuberkulose sterben.
Drimitra ist sehr hilfsbereit und fröhlich, sie hat ja auch noch ihre Mutter. Dann Maria, intelligent, ehrgeizig, die beste Schülerin; nicht hübsch, sogar eher hässlich. Die Kinderbetreuerin Staphrinou hat Schwierigkeiten mit ihr, sie drücke sich vor dem Waschen, Baden und Wäschewechseln. Man behauptet sogar, ihre Nähe nicht ertragen zu können, wegen ihrer Ausdünstung.
Aphrodite, sie hat leider fast keine Haare; sie gehört ebenfalls zu den guten Schülerinnen. Meropi ist sehr verschlossen, gibt sich aber Mühe.
Weiter sind noch Despina, Anastasia, Catherina und Eugenia auf den Bildern. Was ist wohl aus all den Mädchen geworden?
Alle Kinder sehen so blass und mager aus; an die frische Luft kommen sie nur, wenn sie auf dem asphaltierten Hof spielen gehen dürfen. Bei Gelegenheit frage ich die Directrice Mlle Georgiades, ob man den Kindern nicht mal an einem Sonntag eine Mandarine oder Orange geben könne, sie wachsen hier und sind so billig.
«Nein», ist die Antwort, «auf der Strasse, wo die Waisenkinder herkommen, haben sie gar nichts, sie sollen froh sein, wenn sie hier eine gute Suppe zu essen bekommen!»
Im Hause sind nur etwa 25 Prozent Vollwaisen, die anderen Kinder kommen einfach aus miesen Verhältnissen.
Die Directrice ist nicht prüde, gerne erzählt sie pikante Geschichten, wie auch die folgende: Ein Mädchen wird neu eingeliefert und wird gefragt: «Warum bist Du am ganzen Körper so verstochen?» Das arme Kind antwortet: «Ich muss unter dem Bett schlafen, dort hat es Wanzen und Flöhe. Im Bett schlafen meine Mutter und ihr Freund.»

Der Ball

Vor Ende der kühlen Witterung findet der grosse Ball der Griechen im Hotel «Claridge» statt. Der Erlös geht zu Gunsten der Waisenhäuser Benaki und Kanisteri.

Schon seit Wochen erzählen mir die Kinderbetreuerinnen Poulia, Ephtichije und Staphrinou von dem Ball, von den reichen Griechen und Konsuln anderer Länder sowie deren Roben und Schmuck.
Wir Angestellte dürfen das Ereignis vom Balkon im Hotel aus sehen. Charidomeni, die Portiere, und Poulia, die Kinderbetreuerin (sie hustet immer noch stark), hüten derweil die Kinder im Waisenhaus.
Meine Kolleginnen haben mir nicht zuviel versprochen, diese Pracht, dieser Aufwand im Saal ist überwältigend. Die Directrice Mlle Geordigades macht derweil unten im Saal die Honneurs. Um Mitternacht fahren wir mit Kutschen wieder ins Orphelinat.
Unsere Kinder dürfen am nächsten Sonntag nachmittag im Hotel «Claridge» ein Kinderballet besuchen. Ich darf sie begleiten. Es ist wirklich entzückend, wie schon die ganz Kleinen in herzigen Kostümen tanzen. Im Orphelinat wird nun in den kommenden Tagen heftig Spitzentanz geübt.

Poulia muss ins Spital

An meinem nächsten freien Nachmittag besuche ich sie dort. Etwas Schrecklicheres und Traurigeres als dieses griechische Spital habe ich in meinem Leben nie mehr gesehen.
Ein Raum, so gross wie eine Turnhalle, darin 80 bis 100 Betten, Kopf an Kopf, eine Luft zum Schneiden. Hier liegen alle, jung und alt, Sterbende, Kinder und Greise, in einem Raum. Typhus- und Malariakranke sind durch ein Moskitonetz isoliert. Zwei dunkelhäutige Hilfen, deren weisse Schürzen sehr schmutzig sind, leeren Nachttöpfe und Brechschüsseln aus. Die «saubere» Krankenschwester verteilt die Medikamente und setzt Spritzen.
Nachttische haben hier zwischen den Betten keinen Platz. Servierbretter hat es auch keine; was tun, wenn die Schwerkranken den Suppenteller nicht mehr selbst halten können?
Endlich, nach langem Suchen, finde ich Poulia, meine Kollegin aus dem Waisenhaus. Sie ist bevorzugt, denn ein Vorhang schirmt sie von der schrecklichen Umgebung ab. Es geht ihr nicht gut.

«Mademoisell-aki, darf ich Sie bitten, mir einen Fotoapparat zu besorgen, ich möchte noch gerne ein Bild von mir haben. Wenn möglich, so ein billiges Kästchen. Man schickt mich nächstens zur Kur in den Libanon, dort ist das Klima viel besser.»
Ich verspreche ihr, dass ich am nächsten Donnerstag – an meinem freien Nachmittag – wieder komme.

Bazar im Schweizerclub

Im Schweizerclub rüstet man sich seit dem Herbst für das wichtige Fest: den grossen Bazar. Den ganzen Winter haben unsere Frauen gestrickt, gestickt und genäht. Im Orphelinat ist mir von der Directrice ausnahmsweise erlaubt worden, den Abend bei meinen «Compatrioten» zu verbringen. Charidomeni muss im Bureau auf dem Divan schlafen, um mir auf mein Läuten hin zu öffnen.
An diesem schönen Fest ist «toute la Suisse» anwesend. Eine Menge schön dekorierter Stände sind mit vielen herrlichen Sachen bestückt. Zum Tee, der hier von Trachtenmädchen serviert wird, haben unsere Schweizer Frauen gute Kuchen gebacken.
Frau Reinhard verkauft an einem riesengrossen Stand – ihre Töchter helfen ihr dabei – Orangen, Mandarinen, Feigen, Datteln sowie Gemüse wie Auberginen, Zucchettis, Bohnen und Tomaten. Ihr Mann besitzt in Sifta, im Inneren des Landes, grosse Ländereien, welche hauptsächlich mit Baumwolle bepflanzt sind. Ausserdem unterhält er im Dorf eine arabische Schule für die Kinder der Fellachen (Bauern). Im Dorf hat er einen ärztlichen Dienst eingerichtet. Doch alles, aber auch restlos alles wird später von Nasser konfisziert. Von den Europäern bleibt niemand verschont. Das Geld darf man auch nicht mehr in die Schweiz transferieren.
Heute leben nicht mehr viele Schweizer in Alexandria, alles sei so schmutzig und verkommen.
Fräulein Surbeck hat sich als Araberin verkleidet. In einem Zelt sagt sie den Leuten die Zukunft aus dem türkischen Kaffee voraus. Sie hat grossen Erfolg. Es soll wirklich alles stimmen, was sie ihnen prophezeit.

Zum Nachtessen serviert man Schübling mit Kartoffelsalat. Die Würste hat unser Schweizer Metzgermeister, Herr Lanz, besorgt. Dem Ehemann meiner Bekannten scheinen diese besonders zu schmecken: Erst isst er mit mir eine Portion, dann mit Mademoiselle eine, und ein drittes Mal mit seiner Frau, als sie den Stand verlässt. Kein Wunder, diese werden erst wieder in einem Jahr, am «grossen Bazar» serviert.
Ein Chor singt schweizerische Weisen, und ein Theaterstückli fehlt auch nicht. Ein Handörgeler in Sennentracht spielt Volksweisen, und es wird auch fleissig getanzt.
Es werden mir viele Leute vorgestellt, auch einige junge Schweizer, die hier arbeiten. Es war ein unvergesslicher, schöner Abend. Der Erlös wird den hiesigen armen Schweizern zukommen, welche aber nicht in den Club kommen, da sie sich schämen, arm zu sein.

Donnerstag, mein freier Nachmittag

Wieder fahre ich mit dem zweistöckigen Tram nach Viktoria. Es ist eine schöne interessante Strecke. Natürlich sitze ich im oberen Abteil, so kann man die Aussicht viel besser geniessen.
Jetzt: die Station San Stefano, am Meer gelegen, ein Spielkasino mit Hotel (für die Hochzeitspärchen aus Kairo und Assuan, da es hier im Sommer nicht so heiss wird wie bei ihnen).
Das Geld ist bei den Reichen vorhanden. Für die Armen sind nur einzelne Lebensmittel billig. Auch sonst ist es im Vergleich zur Schweiz preisgünstiger. Im grossen Kaufhaus «Au Printemps» kostet D.M.C.-Stickgarn viel weniger.
Im übrigen bezahlt man hier keine Einkommensteuer (ich auch nicht), nur Grundsteuer. Das Telefonabonnement kostet eine Pauschale im Jahr, man kann dafür so viel telefonieren wie man will. Das Elektrische ebenso, je nach Hausgrösse. Wie das Kochgas verrechnet wurde, weiss ich nicht; wahrscheinlich ist heute alles anders.
An den Schweizer Festen darf ich nur teilnehmen, weil ich abends ins Orphelinat heimbegleitet werde.

Schläge im Orphelinat

Am nächsten Tag fährt die Directrice Mlle Georgiades die Kinderbetreuerin Mlle Padopulou wie eine Furie an und beschimpft sie auf griechisch. Sie hatte ein Kind blutig geschlagen. Das Kind kratzte sich in der Wunde, was zu einer schweren Blutvergiftung führte. Man musste die Ärztin holen.
Zweierlei Mass? Hat die Directrice nicht erst vor ein paar Tagen eine meiner Schülerinnen verhauen?

Wieder ein Geschenk

Eines Morgens erhalte ich von Mlle Georgiades wieder ein mysteriöses Geschenk, begleitet von einem Lobgesang auf meine vortreffliche Arbeit. Diesmal bereitet mir dieser Ruhm gar keine Freude.
Was will sie jetzt wieder von mir? Was soll ich nur tun, ich kann doch nicht immer «ja» sagen?
Ich teile meine Sorge Ephtichije mit. Sie lacht noch..., findet sie es lustig?
«Mademoisell-aki, nichts ist einfacher als darauf zu antworten. Heute nachmittag haben Sie frei, da fahren Sie mit dem Tram bis zur Endstation – da ist ein Blumenstand. Sie kaufen drei bis fünf Rosen und überreichen diese der Directrice heute abend mit folgenden Worten: ‹Ich danke Ihnen für das schöne Geschenk. Ich bin so gerne hier, meine intelligenten Schülerinnen machen mir Freude und meine Kolleginnen sind so nett mit mir, ich hoffe, dass ich noch lange hier bleiben darf.›»

Am Abend befolge ich den guten Rat von Ephtichije und sage dies der Directrice. Was sie eigentlich von mir wollte, habe ich nie erfahren. Auch bleiben in Zukunft die Manöver aus. Dies war wohl die richtige Antwort: ein griechisches «nein». Dem Schuldner schickt man ein kleines Geschenk, dies heisst, die Schuld bezahlen.

Maggi-Erbsensuppe und Gerberkäsli

Leider muss ich schon wieder das unangenehme Rizinusöl erdulden. Da entdecke ich in einem kleinen Bazar... – was?... Maggi-Erbsensuppenwürfel und Gerberkäsli, gut in Alufolie verpackt und gar nicht teuer. Auch einen kleinen Kocher, der mit Metatabletten beheizt werden kann, erstehe ich. Jetzt kann ich mich in Zukunft selbst verköstigen, wenn mir das Essen aus dem «Sissidion» suspekt erscheint. In der Schweizer Bäckerei hole ich mir noch Grahambrot, das einige Tage frisch bleibt.
«Ephtichije, sicher sind wieder die marinierten, öligen Fische daran schuld, dass ich wieder unpässlich bin. Die gestrigen Fische hat man uns schon das fünfte Mal serviert!»
«Mademoisell-aki, daran ist der Ramadan schuld. Die Araber müssen dann fasten, und zwar von Sonnenaufgang bis Sonnenuntergang, bis die Böllerschüsse ertönen; nachts dürfen sie etwas essen. Nun feiern sie, bis die Kanonenschüsse in den Morgenstunden wieder zu hören sind.»
Begreiflicherweise sind sie dann tagsüber müde und tun nicht viel. Es läuft auch in den Geschäften nichts. Da die Araber mit

Kamele, die uns Wasser bringen

dem Mondjahr rechnen, verschiebt sich die Zeit des Ramadans alle Jahre und kann, wie diesmal, in die heisse Zeit fallen.

«Mademoisell-aki, vor den bösen Geistern sollten Sie sich schützen, und, wie die Araber, eine blaue Hand oder ein Auge an die Türe malen!»

Baden im Meer

Es ist wieder sehr warm geworden. Am Strand von Bulkeley gibt es keine öffentlichen Kabinen. Jede Familie stellt im Frühling ihre eigene Kabine auf den gemieteten Platz. Da der englische Y.W.C.A.-Club aber eine Strandkabine besitzt, kann ich diese für die Badesaison für wenig Geld mieten.
Bulkeley ist etwa vier Tramstationen von Chatby entfernt. Es hat eine schöne Bucht, umrahmt von niedrigen Felsen. Das Wasser ist ruhig und tief; es ist schön dort zu schwimmen.
Der Strand ist sehr sauber. Ich liege im Sand und geniesse die Wärme, die Ruhe. Dort, wo Wellen und Sand sich treffen, zieht ein grüner Algenstreifen entlang, der hell wird, wenn das Wasser zurückgeht; wieder feucht, dann trocken – in ständigem Wechsel. Ist es wie im Leben, abwechselnd Freude und Schmerz?
Ich schaue hinaus aufs Meer und seinen weiten Horizont. Ich weiss, dass nichts dahinter ist, nichts, nur endlos unbekannte Wogen. Die Wassermassen ertränken nicht meine Seele.
Dann werde ich jäh aus meinen Träumereien gerissen. – Eine dicke Araberin in Hemd und Pluderhosen planscht im Wasser herum. Wir haben alle einen riesigen Spass. Es war damals schon so, dass Araber im Meer nicht baden durften, und ihre Frauen schon gar nicht.
An jedem freien Tag gehe ich nun schwimmen. Es fällt mir jetzt besonders schwer, nach der Schule auf meinem Zimmer zu bleiben. Abends habe ich genügend Zeit, um die Stunden vorzubereiten und die Hefte zu korrigieren.
Warum nicht das Telefon nach griechischer Art benützen? – das «Telefon Sultana», das der Directrice alles meldet. Sultan-

na hat sich gewöhnlich im Sous-sol einen Stuhl auf den Tisch gestellt und sich darauf gesetzt, um so den Verkehr auf der Strasse durch das Fenster zu beobachten.
Jetzt finde ich den Moment günstig.
«Calimera (guten Tag) Sultana!» – Ich krame meine griechischen Wörter zusammen und versuche ihr klar zu machen, dass ich Heimweh habe nach Helvetia, dort sei es «Aurea» (schön), besonders da ich mich hier so eingeschlossen fühle, und bei dem schönen Wetter drinnen bleiben müsse. Kula und Percephoni, die externen Lehrerinnen, haben es besser.
Das «Telefon-sans-fil» funktioniert schon am nächsten Tag. Sultana hat es wohl sofort der Directrice rapportiert, denn sie fragte mich, ob ich auch am Dienstag von vier bis sechs Uhr ausgehen möchte. Dies würde mir reichen, mit dem Tram nach Bulkeley zum Baden zu fahren.

Ich besuche Poulia im Spital

Poulia hat eine grosse Freude, als ich ihr den Fotoapparat bringe. Er war nicht teuer. Ich schenke ihr noch drei Filme dazu; für Blumen hat es in diesem traurigen Spital keinen Platz. Poulia bittet mich, sie zu fotografieren, aber lieber nicht im Bett.
«Ich werde mich vor das Fenster setzen, da sieht man noch die Palmen im Garten.»
Bedauernd sieht sie ihr Nachthemd an. Ich verstehe, und leihe ihr mein hübsches, mit Blumen bedrucktes Kleid. Die anderen Patientinnen staunen, als sie mich im Unterrock dastehen sehen. Es ist die letzte Fotografie von Poulia; sie stirbt mit 22 Jahren im Libanon.
Ich begrüsse noch meine Schülerin Alexandra, die auch hier liegt. Sie freut sich über die Schweizerschokolade, die ich ihr mitbringe. Sie ist sehr besorgt um ihre beiden kleinen Schwestern. Ich kann sie beruhigen, denn Ephtichije kümmert sich besonders gut um die beiden.
Von den acht Tuberkulosefällen, die wir diesen Winter im Orphelinat hatten, ist Alexandra die einzige, die wieder gesund wird.

Der Chämsin bläst

Jetzt, Ende April anfangs Mai, bläst der «Chämsin», ein heisser Wüstenwind – heiss und trocken wie aus dem Backofen. Der Himmel und das Meer sind ockergelb. Der feine Wüstenstaub dringt überall ein; er liegt auf den Möbeln, dem Boden, und beim Essen knirscht der feine Sand zwischen den Zähnen.
«Chämsa» heisst auf arabisch «fünf». Der heisse Wüstenwind bläst fünf Tage, oder deren fünfzehn oder gar fünfzig. Da ist es im Sous-sol in meiner Küche am kühlsten.
Man ist glücklich, wenn die heissen Tage vorbei sind.

Ein türkisches Meiteli

Ein etwa vierjähriges Meiteli steht verschüchtert im Entrée des Waisenhauses. Ein Mann hält es an der Hand und spricht ihm gut zu – es ist weder griechisch noch arabisch. Mlle Karandonaki erzählt mir später, es sei ein türkisches Kind.
Die Komiteedamen des Orphelinats haben lange beraten, ob sie das Kind aufnehmen dürfen; ihr Vater ist Türke, die verstorbene Mutter war Griechin. Vor ihrem Tode habe sie gewünscht, dass ihre Tochter im orthodoxen Glauben erzogen werde. Der Vater liebte seine Frau und wollte ihren letzten Wunsch erfüllen.
Da er für das Kind nichts bezahlen könne, wird vereinbart, dass er täglich eine bis zwei Stunden ins Orphelinat kommt und den Hof wischt oder sonstige Arbeiten verrichtet. Ein Glück für das Kind, denn es kann so den Vater fast täglich sehen, und im Hof entsteht eine Rabatte mit blühenden Geranien, die bestens gepflegt werden. – Endlich Blumen in diesem lieblosen Haus!
Das Kind – ein Zeichen der Verständigung und des Friedens zwischen den verfeindeten Griechen und Türken?

Ein Hof ohne Schatten

Eines Morgens sehe ich, dass im Hof Araber damit beschäftigt sind, die Platanen zu schneiden, nur die blanken Aststummel sind noch sichtbar. Ich bin entsetzt, die armen Kinder haben nun keine schattigen Plätzchen mehr, um im Hof zu spielen.

Warum? – Die Kinderbetreuerin Staphrinou klärt mich auf und erklärt mir den Grund: «Die Directrice Mlle Georgiades kann den Lärm, den die vielen Spatzen machen, nicht vertragen.»
Die Spatzen sind hier grösser und schöner als in der Schweiz. «Gouzelijes» (Spatzendreck) ist eines der ersten griechischen Worte, das ich lernte.
Man wird das Gefühl nicht los, dass das Waisenhaus nur zum Wohle der Directrice da ist und nicht für die Kinder. Alle fürchten sie, ausser dem «Telefon Sultana» und die «drahtlosen Nachrichten» (Mlle Papadopulou), oder wollen diese nur profitieren?

Keine Reise ins Heilige Land

Bald ist Ostern. Miss Fraggi vom Y.W.C.A.: «Haben Sie über Ostern Ferien?»
«Ja», sage ich. – Die Orthodoxen feiern das Osterfest ganz besonders, es ist das wichtigste Fest im ganzen Jahr.
«Kommen Sie doch mit uns, wir Lehrerinnen der englischen Schule wollen alle für acht bis zehn Tage nach Palästina fahren!»
«Auch nach Jerusalem?» – «Aber wird diese Reise nicht sehr teuer?»
«Nein», antwortet Miss Fraggi, «wir sind eine Gruppe von etwa sieben bis acht Mädchen und reisen «Zwischendeck» auf dem Schiff nach Haifa, das geht sehr gut. Hin- und Rückfahrt kostet nur zirka ein Pfund. Einen Liegestuhl und den Proviant für zwei Tage muss sich jeder selbst besorgen. In Haifa findet sich schon ein Lastwagen, der uns nach Jerusalem fährt. Wohnen wollen wir in Jerusalem im «Heim für junge Mädchen» (Y.W.C.A.). Mehr als drei bis vier Pfund wird die ganze Reise nicht kosten.
Ich bin begeistert. Natürlich fahre ich mit Freuden mit..., aber ich habe nicht mit dem Veto der Directrice gerechnet, als ich sie frage: «Darf ich in den Osterferien frei haben, um mit den englischen Lehrerinnen nach Palästina zu fahren?»
«Nein, Sie sind noch nicht 20 Jahre alt, ich kann die Verantwortung für Sie nicht übernehmen.»

So muss ich notgedrungen die ganzen Osterferien mit den Griechinnen fasten – kein Fleisch, kein Fisch, Eier, Milch, Butter, Fett und Käse sind verboten, nur Suppen und Reis sowie Brot ist erlaubt. Oliven darf man auch essen, da Christus unter einem Olivenbaum verraten wurde.
Ich sitze nun traurig vor den Suppen und denke an die schöne Reise, die ich nicht mitmachen darf. Es wäre so schön gewesen, mit der fröhlichen Gesellschaft ins Heilige Land zu reisen.
Am Ostermorgen begrüssen mich meine Kolleginnen mit dem Ruf: «Christo anesti!» (Christus ist auferstanden), zum Frühstück gibt es einen Hefekranz mit eingebackenen farbigen Ostereiern. Die Zeremonie in der Kapelle dauert den ganzen Vormittag. Ein Festessen ist zu Mittag angekündigt, an dem ich nicht teilnehme, denn ich bin bei der Schweizer Familie eingeladen.
Wir suchen mit Hans-Peterli Ostereier und Schokoladenhasen im Garten.

Die Welt ist klein

In Bulkeley am Strand lerne ich ein junges Mädchen aus Kapstadt kennen. Sie ist Kinderfräulein bei einer englischen Familie, welche nach Alexandria versetzt worden ist.
Als sie meinen Namen «Belli» hört, sagt sie: «Belli, so heisst mein Zahnarzt in Kapstadt, er ist kein Engländer.»
Da erinnerte ich mich, dass meine Tante in Genf von einem Cousin erzählte, der einige Zeit in Genf studierte und bei ihnen zu Hause wohnte. Dieser sei dann nach Südafrika ausgewandert. Die Zeit verging, und ich dachte viele Jahre nicht mehr an den Cousin in Kapstadt, bis ich eines nachts von ihm träumte. Ich schrieb ans Konsulat nach Kapstadt und bekam die Antwort, dass Christian Belli gestorben sei, dass aber sein Sohn Cécil-Louis Belli, geb. 1912 in Kensington, lebe. Es entstand eine rege Korrespondenz mit ihm.
Eine besondere Freude hatte dieser, als ich ihm die Kopien der Bilder unserer Vorfahren sandte. Er schilderte mir seinen Vater als besonders liebenswerten Mann – genau wie meine

Genfer Verwandten. Vor kurzem kam ein Brief zurück, mit dem Vermerk «verstorben».

Sparen

Die Schule beginnt wieder, und in der Küche stelle ich fest, dass mir das «Sissidion» von den bestellten Waren nur die Hälfte geliefert hat. Was soll das heissen? Ich muss jeweils für die ganze Woche die Menus zusammenstellen und im «Sissidion» die entsprechenden Waren bestellen. Ich renne ins Bureau, um zu reklamieren.

Mlle Georgiades: «Mademoiselle, ihre Schülerinnen verteilen jeweils Kuchen und Desserts an ihre Geschwister und Freundinnen, wir müssen sparen.» – Hat das «Telefon Sultana» gefunkt?

«Gut», antworte ich, «ich werde an unserem Tisch, dem Tisch der Mitarbeiterinnen, sparen, aber nicht an den Waisenkindern!» Mlle Karandonaki, die während des Gesprächs anwesend war, ruft mich später ins Bureau. Sie zeigt mir zwei dicke Bücher, schön eingebunden, mit vielen Seiten.

«Dort wird nicht gespart, für jeden Tag mehrere Seiten.» Da steht zum Beispiel unter «Waschküche» eine ganze Seite mit den Mängeln beschrieben. So werden alle Räume des Hauses in diesen Büchern aufgeführt. Man kann auch nur ein Heft führen und jeweils die Mängel kurz beschreiben. Der Jahresbericht, den ich immer noch besitze, ist ebenso aufwendig beschrieben – mein Name steht auch darin.

Petroleum

Sonntag bei meinen Schweizer Freunden: Die Hausfrau, Mademoiselle und ich, sitzen schon eine zeitlang am Esstisch. Wo bleibt Hans-Peterli und der Hausherr?

Doch da kommt er schon –, am Ohr führt er den brüllenden, nach Petroleum stinkenden Sohn herein. Mademoiselle muss nach oben und Hans-Peterli baden und wieder frisch anziehen.

Nun wettert der Vater über den Chauffeur und dessen Helfer, und dass diese überhaupt keinen Verstand haben. Auf Begehren des Buben füllen sie nicht nur Petrol in einen Kessel, nein,

sie geben dem Buben noch einen grossen Pinsel, damit er die Autos, den Chrysler und den kleinen Ford bemalen kann, sogar die Pneus wurden nicht verschont.
Gott sei Dank waren die Wagen abgeschlossen, so blieben wenigstens die Polster vor Hans-Peterlis Malerei verschont.
Der Chauffeur brachte als Entschuldigung vor: «Ihr Sohn hat es uns befohlen.»
«Ich kann morgen mit dem stinkenden Auto nicht ins Geschäft, ihr müsst sofort in eine Garage fahren, und die Autos waschen lassen!»
Der Hausherr staunte nicht schlecht, als der zehnjährige Boy mit dem Ford hinterher fährt. – «Aha, der bekommt Autofahrstunden?»
Bei den Europäern haben es die Angestellten gut, der Chauffeur wäscht keine Wagen, das muss ein Boy machen. Auch der Gärtner benötigt einen Boy; er lässt den Rasen mähen!
Aber sonntags, wenn man Kroquet spielen möchte, dann müssen die Gärtner arbeiten. Sie sprengen den Rasen oder mähen in gar. Mademoiselle sagt, dass die Araber nur arbeiten, wenn der Hausherr zu Hause sei – in der grössten Hitze um zwei Uhr. Sonst sehe man sie den ganzen Morgen nicht. Und wenn «Allah» nicht will, arbeiten sie überhaupt nicht!
Dieser Fatalismus lähmt alle Arbeit der Betriebe –, wenn Gott es vorgesehen hat, dass ich nicht reich werde, nützt es nichts, fleissig zu arbeiten.

Miss Fraggi erzählt von ihrer Reise

Ich treffe Miss Fraggi im Nouza-Garden zum Tee. Ihr Gesicht strahlt vor Freude. Sie kann nicht aufhören, mir von dieser schönen Reise nach Palästina zu erzählen: «Die Fahrt auf dem Schiff Zwischendeck verlief prima. Der Schiffsoffizier reservierte uns einen geschützten Platz und sorgte dafür, dass wir dort unter uns waren. Er erlaubte uns sogar, dass wir uns an der Bar mit Kaffee und Tee versorgen konnten. Geschlafen haben wir ausgezeichnet auf den Liegestühlen.
In Haifa hatten wir grosses Glück: Wir baten einen Soldaten der englischen Armee, der seine Kameraden, die Urlaub hatten, aufs Schiff brachte und nun leer zurückfuhr, uns mitzu-

nehmen. Er bat uns nur, kurz vor der Stadt auszusteigen, es sei nicht nötig, dass seine Kameraden ihn mit den Mädchen sehen.
In Jerusalem waren wir im Heim des Y.W.C.A. ausgezeichnet aufgehoben. Die Leiterin beriet uns prima. Sie sorgte auch für jede günstige Transportmöglichkeit. Wir besuchten die Klagemauer, eine Synagoge und viele Sehenswürdigkeiten. Der Besuch in einem Kibbuz beeindruckte mich als Jüdin sehr. Es war überwältigend, das Land meiner Vorfahren kennenzulernen.
Was die Israelis im Kibbuz schon alles geleistet haben: Eine Gemeinschaft, der Professor und der einfache Mann, heben mit Schaufel und Pickel Gräben aus für Wasserleitungen. Es wird gemeinsam in Baracken gewohnt; jeder hat ein Amt: kochen, Kinder hüten, auf dem Feld arbeiten. Das Resultat ist grossartig: Aus der steinigen Wüste ist bewässertes, fruchtbares Land geworden. Sie haben Orangen, Feigen und Olivenbäume gesetzt. In der Stadt verkaufen die Israelis ihre Produkte an Ständen, um so das nötige Geld für Anschaffungen zu erhalten.
Ich bin so begeistert, dass ich am liebsten sofort hinreisen möchte, um die Kinder zu unterrichten, aber ich kann nicht genug Hebräisch – ich werde es nun lernen müssen. Oder ich spare mir noch mehr Geld und kaufe mir in der Gegend von Jordanien ganz billiges Land und gründe mit weiteren Pionieren einen neuen Kibbuz. Ich habe zwar hier an der englischen Schule eine recht gute Anstellung, aber dies ist mein Lebensziel.
Heiraten werde ich nicht können. Nach dem Gesetz erbt mein Bruder alles. Er ist allerdings verpflichtet, den Schwestern eine standesgemässe ‹Dote› (Aussteuer) auszubezahlen, aber meine Schwägerin wird schon dafür sorgen, dass diese nicht hoch ausfällt. Das Geld, das ich mal von meinem Bruder erhalte, langt nicht für einen Mann, der meinem Niveau entspräche – so bleibe ich lieber ledig.
Mein Vater hat das vorausgesehen, er hat darum meiner Schwester und mir eine Ausbildung in England ermöglicht. Ich bin Lehrerin geworden, und habe jetzt ein besonders schönes Ziel, was mich glücklich macht.»

Trauerzug

Ich korrigiere die Hefte der Schülerinnen in meinem Zimmer, als ich von einem Höllenlärm auf der Strasse gestört werde. Schnell schaue ich aus dem Fenster – ein Trauerzug zieht vorbei.
Hier im europäischen Viertel sieht man solch einen Trauerzug sehr selten, denn es wohnen nur wenig reiche Araber hier. Ein prunkvoller Leichenwagen, mit Ornamenten und Engeln verziert, fährt im Schrittempo voraus, dann folgen die Angehörigen, Verwandten und Bekannten zu Fuss. Verschleierte Klageweiber machen einen grossen Lärm: Lulu, lulu – verwerfen die Arme und Hände! Arme Araber werden auf einem Eselskarren zum Friedhof gefahren, die reichen dagegen mit vier bis sechs Pferden.

Kaffee bei der Familie Hess

Mlle Surbeck lädt mich an einem Sonntag zum Kaffee ein. Sie wohnt in Kleopatra in einer Mietwohnung, die sehr einfach ist. Sie und ihr Bruder sind hier in Alexandria geboren, ihr Vater war Lehrer an der französischen Schule.
Mlle Surbeck kennt fast alle Schweizer hier; sie ist der gute Geist und hilft überall wo sie nur kann. Ihr Bruder erzählt viel von den Gebräuchen der Araber in den Dörfern; er ist oft im Lande herumgereist. Zur Zeit geht er viel fischen, darum ist er so braungebrannt wie ein Araber.
«Wir gehen an den Strand nach Bulkeley.»
«Aber ich habe das Badekleid nicht bei mir!»
«Macht nichts, wir machen nur einen Besuch.»
Von Kleopatra aus ist es nur eine Station bis zum Strand zu gehen. Dort bleiben wir bei einer sehr komfortablen Kabine mit grosser Veranda und einem Sonnenstoren stehen. Mademoiselle stellt mich Herrn und Frau Hess vor, es sind Deutsche, sehr sympathische Leute.
Sie müssen sehr reich sein, denn ein Diener in weisser Galabije und Tarbousch serviert uns deutschen Kaffee und Stollen anstatt Tee. Niemand von den Schweizern nimmt den Diener

mit an den Strand, um sich bedienen zu lassen. Es wird viel geredet und politisiert – sie sind sehr aufgeschlossen.
Sie erzählen auch von einem Sohn in Deutschland (viel später werde ich mich daran erinnern), der kürzlich einem Sabotageakt auf ein Flugzeug entkommen sei.
Es war ein interessanter Besuch bei dieser Familie. Auf dem Heimweg sagt Mlle Surbeck zu mir: «Herr und Frau Hess sind so nette Leute, aber seit ihr Sohn mit diesem ‹Hitler› mitmacht, sind sie ‹enervant› (unerträglich).»
Ich hatte schon hie und da von diesem ‹Hitler› gehört, der Deutschland ‹erneuern› wolle. Erst viel später, als ich las, dass der Obersturmführer ein Sohn des Grosskaufmanns aus Alexandria sei, wurde mir bewusst, dass ich bei seinen Eltern in Alexandria Kaffee getrunken hatte.

Eugenia

Im Orphelinat geht alles seinen gewöhnlichen Lauf. Die Schülerinnen sind fleissig und für mich kein Problem. Wieder einmal ist die Directrice besonders freundlich. Aber diesmal erfülle ich ihren Wunsch gerne.
Sie fragt mich: «Möchten Sie alle Tage nach der Schule spazieren gehen?»
Was soll das? Aber sie fügt ihrem Wunsch sofort hinzu: «Wie Sie wissen, ist Ihre Schülerin Eugenia im Spital wegen ihrer kranken Augen. Sie sitzt nun ganz allein im verdunkelten Zimmer und tut mir so leid. Könnten Sie nicht so drei- bis viermal in der Woche Eugenia im Spital abholen und mit ihr spazieren gehen?»
Was ist in die Directrice gefahren? Dieses plötzliche Mitleid? Oder hat sie um meine Gesundheit Angst? Ich habe von meinen 63 Kilogramm Fribourger Internatsspeck etwa zehn Kilogramm abgenommen.
Natürlich werde ich mit Eugenia spazieren gehen. Es ist ein armes Kind, sehr schüchtern, aber eine fleissige Schülerin. Sie ist auch blond und hat blaue Augen.
Am nächsten Tag schon hole ich sie um halb fünf im Spital ab. Sie wartet schon im Wartezimmer und trägt eine schwarze Brille. Zuerst geht es wie an allen folgenden Tagen in die hei-

matliche Bäckerei. Eugenia darf sich etwas aussuchen – ich bleibe beim Apfelkuchen. So kann ich gut abends im Orphelinat auf die marinierten öligen Fische verzichten.
Eugenia fährt sehr gerne Tram und zum ersten Mal an den Strand nach Bulkeley. An den anderen Tagen gehe ich mit ihr in den Nouza-Garden; sie wird zutraulicher und kann ihre grosse Freude zeigen.
So vergehen etliche Wochen, und mir bekommt das Spazierengehen auch sehr gut. Aber dann kommen meine Ferien im Camp dazwischen. Ich verspreche ihr, sie dann nach vier Wochen wieder abzuholen – es kommt leider nicht mehr dazu. Sie wird auch in den Libanon geschickt!
Ob die Kur ihr helfen wird? Hatte sie auch Tuberkulose oder den Drachom? Man schweigt, wenn ich frage.

Das Meerrohr ist wieder in Aktion

Am Morgen erwache ich glücklich – der Traum war so schön: Ich bin in der Heimat, in Champéry im Wallis, die ganze Familie ist dort in den Ferien.
In der Französischstunde erzähle ich meinen Schülerinnen von der Schweiz; von den Bergen, die bis zu 4000 Meter hoch sind, mit Eis und Schnee bedeckt, von den Alpweiden, den vielen Blumen, Enzian, Alpenrosen und hoch in den Felsen das Edelweiss. Viele Kühe und Kälber mit Glocken am Halsband sind auf der Weide; ihr Läuten klingt so schön.
Doch da reisst plötzlich die Directrice die Türe auf, wütend schreit sie: «Monstre» (Ungeheuer), und haut mit dem Meerrohr auf Meropi (eine meiner Schülerinnen) ein.
Was hat sie sich zu schulden kommen lassen? Ich verstehe zu wenig Griechisch. Sie will Meropi vor mir demütigen. Mir tut jeder Hieb weh, so als ob ich ihn selbst bekommen würde. Ich kann gar nichts dagegen tun – niemand im Waisenhaus kann sich gegen die Despotin auflehnen. Ich stelle mich in die Ecke und drehe den Rücken zur Klasse.
Meine Freude und gute Laune ist verschwunden – die Stunde ist verdorben.
Meriopi wimmert leise vor sich hin, sie ist von klein an hier im Waisenhaus und gewöhnt zu gehorchen. Dies muss sie

wohl auch als untertänige Bedienstete und eventuell später auch als Ehefrau. Ephtichije bestätigt mir, dass eine griechische Ehefrau ohne Erlaubnis ihres Ehemannes keine Einkäufe oder Besuche bei einer Freundin machen dürfe. Diese Kinder erdulden alles...

Im arabischen Bazarviertel

Es gelüstet mich nach Apfelkuchen von der schweizerischen Bäckerei. Aber diesmal getraue ich mich, das Gässchen weiter entlang zu laufen und gerate ins arabische Viertel. Auf den Fahrten mit dem Taxi vom Hafen ins Waisenhaus und mit den Schweizern zum Wüstenrand habe ich schon einzelne Szenen gesehen, aber jetzt öffnet sich der arabische Alltag vor mir wie im Bilderbuch. Da sitzen die Männer vor einem arabischen Café und spielen Tric-Trac, oder rauchen die Wasserpfeife; Händler kauern an den Hausmauern und preisen ihre Waren an (auf Holzkohlenfeuer gebratene Kastanien oder Hackfleisch-Buletten). Jeder will jedem etwas verkaufen, damit wird der Lebensunterhalt bestritten.
Die wenigen verschleierten Frauen sitzen abseits am Strassenrand, die Säuglinge auf dem Schoss – teilnahmslos, sie wehren den Fliegen nicht, die ihre Säuglinge belästigen, und sie scheinen nicht zu wissen, dass die Fliegen die Augenkrankheit «Drachom» verbreiten und die Kinder blind werden.
Es hat hier viele Blinde, Invalide und Arme, die um «Bakschisch» betteln.
Die Frauen sitzen fast überall vor den Behausungen, am Trottoirrand, sogar im Tram auf der Plattform. Sie sind dick und apathisch. Es ist eine Schande für einen Araber, eine magere Frau zu haben. Er gilt dann als geizig und es heisst, er gebe ihr zu wenig zu essen.
Die kleinen Mädchen haben es noch gut, sie hüpfen fröhlich mit den kleinen Buben herum (in diesem Alter ist es noch erlaubt). Die Buben sind kahl geschoren, bis auf einen kleinen Haarbüschel auf der Kopfmitte, damit Allah sie daran in den Himmel ziehen kann. Frauen gehen nicht in die Moschee, auch nicht zur Schule.

An einem Stand kaufe ich einen Wandbehang mit altägyptischen Motiven (aufgenähte Stoffbilder). Dreimal bin ich weggelaufen, um den verlangten Preis herunterzuhandeln. Als mir der Araber das vierte Mal nicht mehr nachläuft, weiss ich, jetzt ist der Preis günstig, und ich kaufe.
Als ich am Abend meinen Kolleginnen den Kauf präsentiere, sagen sie: «Mademoisell-aki, sie haben den Wandbehang wirklich günstig gekauft.» Ich bin ganz stolz. Mit zwei grossen Piastern (damals 50 Rappen) kann ein Araber leben, sie reichen für einen Brotfladen und Foulia Suppe (schwarze Bohnen, die sehr eiweisshaltig sind).

Heimweh

Oft schaue ich aus meinem Fenster und sehe die Schiffe, die nach Port Said fahren oder von dort nach Alexandria kommen. Sie erinnern mich an die glücklichen Tage meiner Reise hierher auf der «Brasile». Mein Blick liegt auf einem grossen sandigen Feld.
Einige Araber handeln dort mit Pferden. Ein Pferd bäumt sich plötzlich wild auf (wurde es gestochen?). Dieses Pferd ist wohl als ein «guter Kauf» befunden worden, denn der Händler führt es am Zügel weg.
Ein modernes, zweistöckiges Tram fährt vorbei. Jetzt bricht die Dämmerung ein. Die Sonne, eine grosse, runde, leuchtende Scheibe, bleibt längere Zeit am Horizont über dem Meeresspiegel stehen – dann stürzt sie ins Meer. Einige rosa Wölklein steigen auf, und plötzlich ist es dunkel.

Der Mann auf dem Mond

Ich öffne das Fenster, der Mond leuchtet am dunklen Himmel, hell und gross – viel schöner als in der Schweiz –, viele Sterne funkeln.
Da steht Onkel André aus Sauges am Neuenburgersee ganz deutlich vor mir. Er hat eine illustrierte Zeitung in der Hand und zeigt mir ein Bild: Das ist der Mann, der auf dem Mond wohnt. Ich kann noch nicht lesen, aber neugierig wie ich bin, will ich alles wissen: Was tut er? Was isst er? – einfach alles?

Ich besuche die erste Klasse, wir singen «Guter Mond, du gehst so stille...». Die Lehrerin sagt: «Auf dem Mond wohnen keine Menschen.» Da schnellt mein Zeigefinder in die Höhe: «Es wohnen doch Menschen auf dem Mond. Onkel André, der ist Lehrer in La Chaux-de-Fonds, hat mir sogar ein Bild gezeigt von einem Bewohner! Der Mann hat nur ein Auge, statt Haare Stacheldraht auf dem Kopf und seine Zähne sind aus Diamanten, denn diese sind härter als Steine, die er essen muss. Auf dem Mond gibt es nur Steine zu essen. Bei Mondfinsternis sieht der Mann den ganzen Tag nichts.»
Die Lehrerin sagt nichts, wie könnte sie bezweifeln, was ein Lehrer aus La Chaux-de-Fonds weiss. Meine Mitschülerinnen staunen, was die Helen alles weiss!

Ein junger Mann aus Port Said

Im Waisenhaus sind alle dunklen Wolken verschwunden und es herrscht eitel Sonnenschein. Der Bericht aus Port Said ist eingetroffen: der Eheanwärter sei sehr zu empfehlen.
Ein junger Mann aus Port Said ist vor kurzem im Orphelinat erschienen: «Mlle Georgiades, ich möchte eines Ihrer Waisenkinder heiraten, meine Mutter ist kürzlich gestorben, ich bin so allein. Die Braut muss gar nichts mitbringen, die Wohnung, die Möbel, alles ist da.»
Man beratet hin und her und entscheidet sich schliesslich für Maria, die Tochter von Charidomeni. Sie ist 16 Jahre alt und macht eine Lehre als Schneiderin in der Stadt. Es geht alles sehr schnell. In drei Wochen wird die Mutter Charidomeni mit Maria zur Hochzeit nach Port Said fahren. Maria ist weder gefragt worden noch hat sie den Bräutigam zu Gesicht bekommen.
Sie hatte Glück, alles scheint gut zu gehen. Im nächsten Frühling reist Charidomeni, eine glückliche Grossmutter, nach Port Said zur Taufe ihres Enkels.
Der Chämsin, der heisse Wüstenwind, bläst wieder. Ich liege mit Fieber im Bett. Die Rizinuskur nützt nicht viel – man muss die Ärztin holen. Mit Tabletten und Diät geht es vorüber, doch ich verliere an Gewicht.

Verbote der Directrice

Meine Schülerinnen, mit denen ich mich nun schon ganz gut auf französisch unterhalten kann, kommen so hie und da zu mir ins Zimmer. Als Vorwand fragen sie dies oder jenes, z.B.: wie schreibt man …?, wie sagt man dies …? Oft weiss ich, dass sie die Antwort schon wissen. Aber ich kann sie auch verstehen, dass sie mal über ihre persönlichen Probleme reden möchten. Dadurch bin ich oft in einer schwierigen Situation, aber die Kinder tun mir einfach leid.
Heute Montag erscheint Vallianni. Ein Gespräch will lange nicht zustandekommen – was möchte sie mir wohl sagen? Endlich stottert sie: «Mademoiselle, je suis belle.»
«Wer sagt das?»
«Mein Vetter, er hat mich gestern mit meiner Tante im Hof besucht.»
Vallianni ist wirklich apart, blond gelockt, blaue, grosse Augen und ein Teint wie ein Pfirsich. Sie sieht aus wie ein Engel auf den alten Kirchengemälden.
Was soll ich sagen?
«Die innere Schönheit und Herzensgüte sind wichtiger als äusseres Aussehen!» – Ich komme mir vor, wie eine alte Moraltante.
Am anderen Tag bringt Maria die Hefte zum Korrigieren und berichtet mir: «Die Directrice sagt, es dürften nur diese Mädchen zu Ihnen aufs Zimmer kommen, die die Hefte zum Korrigieren bringen!»
Solche Rügen lässt mir die Directrice nur ausrichten. Ich bin entsetzt. Ist dies das Werk der Spione Mlle Papdopulou oder gar Sultana?

Der Christbaum (nicht im Winter)

Ein Glück, nach dieser leidigen Woche bin ich am Sonntag bei einer netten Schweizer Familie eingeladen. Die Frau des Hauses führt eine gute Küche – das beste Essen in der Schweizer Kolonie. Ebenso sind die Lehrerin der Schweizerschule, Herr Aebi, ein Junggeselle, ein junger Schweizer und ein junger Pole (Sohn eines Geschäftspartners aus Lodz) eingeladen. Dieser

stellt sich vor: «Ich heisse Baum, da ich aber kein Jude bin, bin ich ein Christbaum.»
Die Dame des Hauses macht dem exzellenten Essen alle Ehre. Bei ihr schlägt es sehr an, dagegen sind der Ehemann und die Kinder eher hager.
«Herr Baum, gefällt es Ihnen in Alexandria?» Er jammert: «Es ist hier so langweilig, hier ist nichts los, ich fühle mich so einsam. Ich zähle die Tage, die ich noch hier bleiben muss.»
Er wird immer trauriger, der Arme, bald wird er in Tränen ausbrechen.
Herr Aebi, der Junggeselle, meint: «Wir könnten doch alle ins Attineos fahren, dort gibt es Musik und Attraktionen, das wird Herrn Baum sicher gefallen!» – Alle sind einverstanden.
Wir fahren zusammen in die Stadt in ein sehr luxuriöses Restaurant in der Rue Fuad. Herr Aebi schenkt uns jungen Mädchen Wein ein: «Trinkt ihn nur, der Wein tötet die Bazillen», und zu seinem Kollegen gewandt: «Weisst Du noch, als wir vor vielen Jahren auf dem Lande in Sifta weilten, lud uns Scheich Ali zu einem Essen ein, und für uns Europäer spendierte er Wein. Du hast mir damals Vorwürfe gemacht, ich sei nicht mehr nüchtern gewesen. Wer hat dann einige Tage später Typhus bekommen? Nicht ich, sondern Du; meine Bazillen waren im Wein ersoffen.»
Der Raum ist luxuriös und schön dekoriert, die Musik hinreissend. Nach einer Pause tritt ein rassiges Tanzpaar auf. Was geschieht mit unserem deprimierten, traurigen Polen? Er taut auf und wird immer fröhlicher. Er sagt, dass er am liebsten mittanzen möchte, in Polen habe er dies schon oft getan. Bei jedem Auftritt hat das Paar weniger an, und als es nur noch mit vergoldeten Efeublättern bekleidet ist und immer noch weitertanzt, ist unser «Christbaum» vor Begeisterung kaum noch zu halten.
Plötzlich sagt unsere Gastgeberin: «Ihr zwei jungen Damen sitzt im Durchzug, ihr werdet euch hier erkälten. Setzt euch ans Ende des Tisches, auf die andere Seite!»
Die Gute übersieht, dass wir dort alles in den vielen Spiegeln genau so gut sehen können.
Nun bricht die Gesellschaft auf, wir Mädchen werden schnell in ein Auto der seriösen Schweizer verfrachtet und heimge-

fahren – ausser Reichweite des so gefährlichen Polen! – Ihn sowie den Junggesellen habe ich nicht abfahren sehen.
Im Auto flüstert mir die junge Lehrerin zu: «Gehen Sie mit dem jungen Schweizer nicht ins Kino, an der ‹Gare de Ramlah› lässt er Sie nachts um elf Uhr stehen und ruft: ‹da kommt mein Tram!›»

Alltag

Am andern Morgen: «Nichts ist schwerer zu ertragen, als eine Reihe von glücklichen Tagen» (Goethe).
Mlle Karandonaki ist in die Ferien nach Beirut gefahren, ihr Bruder ist dort Konsul. Sie freute sich sehr und meint, Beirut sei die schönste Stadt auf der Welt. Der Libanon sei auch klimatisch so gesund und ausgeglichen. Auch unsere Schweizer, sofern sie nicht genug Zeit oder Geld haben, um in die Schweiz zu fahren, verbringen ihre Ferien dort. Es heisst auch, der Libanon sei die zweite Schweiz.
Ich frage mich, warum bleibt Mlle Karandonaki im Waisenhaus, wo sie es bei der Familie des Bruders doch so schön haben könnte? Aber sie weiss, dass sie hier nötig gebraucht wird. Sie ist der ruhende Pol, ohne ihre Anwesenheit wäre die Directrice nicht zu bremsen.

Kahle Bäume

Nun stehen die Platanen kahl und traurig im Hof. Aber die Spatzen sind ihnen treu geblieben; sie sitzen auf den kahlen Astgabeln, zwitschern und protestieren lauter denn je, und machen einen Riesenlärm. Die Waisenkinder füttern sie heimlich mit ihren Brotresten unter der breiten Freitreppe. Dort sieht man nicht, wie sie ihre Brotstücklein aufpicken. Die Directrice kommt nie in den heissen Hof, und von ihrem Bureaufenster sieht man nicht, was unter der Freitreppe geschieht.
Ich kann mir die Wut vorstellen, wenn sie die Übeltäterinnen erwischen würde. Die Spatzen sind die einzigen Lebewesen, an denen unsere Kinder Freude haben – Kakerlaken, Fliegen, Stechmücken erfreuen niemanden.

Abends beim Nachtessen wird diskutiert; die Zeitungen bringen weiterhin schlechte Berichte über die momentane Weltlage, die Krise beherrscht alle Länder – viele Konkurse, Selbstmorde, und überall hat es zahlreiche Arbeitslose (1930).

Sultana

Am anderen Morgen ist Mlle Georgiades miserabler Laune, niemand kann ihr etwas recht machen. Ephtichije sagt, Sultana sei schuld daran. Gestern habe sie wieder einmal den Koffer gepackt und von der Directrice ihren Pass verlangt. Sie wolle unbedingt heim nach Griechenland, es gefalle ihr gar nicht in Alexandria.
Dieses Manöver wiederholt sie periodisch, damit handelt sie sich jeweils mehr Lohn, freie Tage oder sonstige Vergünstigungen ein. Sie weiss genau, dass sie nicht zu ersetzen ist. Wer würde sonst nachts der Directrice Hähnchen braten? Und wer würde ihr berichten, was die anderen treiben?

Maria

Mitten in der Französischstunde platzt die Directrice, Mlle Georgiades, herein – Maria muss nach vorne kommen. Die Directrice schreit auf griechisch, dann auf französisch: «c' est un cochon» (Schwein) und schlägt mit dem Rohr auf die nackten Beine von Maria. Diese steht da wie eine Märtyrerin, sie zuckt nicht zusammen – eisern ist ihre Miene. Solche Szenen verderben mir die Schulstunden total – ich hasse sie! Haben die Telefone Sultana oder Mlle Papapulou herumspioniert und Maria «verrätscht»? Vielleicht weil sie sich vor dem Baden und dem Wäschewechsel gedrückt hat?
Als am Ende der Stunde ihre Mitschülerinnen das Schulzimmer verlassen haben, merke ich, dass Maria zögert. Schnell schaue ich in den Gang hinaus, ob kein Spion in Sicht ist.
«Maria, weisst Du, meine schönsten Ferien habe ich als kleines Mädchen dort verbracht, wo es keine ‹lavette› (Waschplätze) gab, und man brauchte sich nie waschen, die ganzen

Schulferien nicht – fünf Wochen lang – nie! Zu Hause war meine Mutter sehr streng, und stellte uns auch im kalten Winter abends in die Badewanne und schüttete ein Becken voll eiskaltes Wasser über uns. Meine Schwester schrie wie am Spiess, ich schlotterte vor Schreck. Man wollte uns so abhärten, aber darum hatten wir nicht weniger Schnupfen wie andere Kinder! – Deshalb die Freude über die Ferien ohne Waschlappen.
Wieder zu Hause – wurden wir mit der Bürste und Seife gepflegt. ‹Wir sind braun von der Sonne›, sagten wir, aber ganz weiss wurden wir von der Prozedur auch nicht.»
Maria lächelt wieder, wir haben nun ein kleines Geheimnis miteinander. Sie wird nicht so leicht klein beigeben, denn sonst hätten die Schläge der Directrice ja Erfolg gehabt!

Alle Jahre war Mama Tante Hélène dankbar, dass sie die Wäsche so schön gewaschen und gebügelt habe. Wir durften unsere Ferien jedes Jahr bei ihr und Onkel André in Sauges am Neuenburgersee verbringen.
Tante Hélène hatte nur jeweils die Badekleider und ein Jäckli für die kühleren Tage aus dem Koffer gefischt, und diesen auf dem Estrich versorgt.
Waren dies schöne Ferien – ohne Waschplätze!

Mittelholzer, Flugpionier der Schweiz

Im «Bulletin Suisse» steht, dass Mittelholzer den Flug übers Mittelmeer wagen will und in Abukir den Flughafen der Engländer benutzen dürfe. Es muss günstiges Wetter abgewartet werden. Schon bald darf ich mit meinen Schweizer Freunden nach Abukir fahren. Dort ist fast die ganze Schweizerkolonie versammelt. Ein Zelt wurde uns von den Engländern zur Verfügung gestellt. Man rechnet damit, dass es unser Held, der Flugpionier Mittelholzer, etwa bis vier Uhr schaffen werde. Es werden Wachen aufgestellt, die den Flug anmelden sollen.
Im Zelt wird es gemütlich. Aus der englischen Militärkantine wird uns freundlicherweise Tee serviert; die Frauen haben Kuchen mitgebracht. Um uns die Zeit zu vertreiben, spielt ein

Handörgeler, dazu wird gesungen: «Vo Luzärn gege Wäggis zue …».
Es ist schon sechs Uhr abends, die Stimmung wird langsam ungemütlich. Wo bleibt Mittelholzer? Ist er gar abgestürzt? Der englische Oberst versucht mit Süditalien Verbindung aufzunehmen – es gelingt ihm nicht. Bald ist es sieben Uhr und es wird langsam dunkel, ich sollte nach Hause.
Der Chauffeur muss nun Hans-Peterli, Mademoiselle und mich heimfahren – wir würden doch nichts mehr zu sehen bekommen. Wir steigen in den kleinen Ford. In diesem Moment sehe ich das Flugzeug im letzten Schein der untergehenden Sonne, die ins Meer zu fallen scheint – rosa Wolken steigen noch auf.
Wie ich im «Bulletin Suisse» später lese, gab es in Alexandria noch eine grosse Begrüssung mit Bankett. Mittelholzer ist schon einige Tage später bis zum Kilimandscharo geflogen und hat diesen bestiegen. Er war der erste Flieger, der den Flug übers Mittelmeer bis zum Kilimandscharo gewagt hat.
Spätere Mitteilung der «Cordonnerie Française» (sie gehört einem Schweizer): Mittelholzer habe seine Bergschuhe zu Hause gelassen, um so weniger Gewicht beim Flug zu haben, und gehofft, Schuhe in Alexandria kaufen zu können.
Bergschuhe, hier? – Doch nach langem Suchen fand man ein paar Jagdstiefel, und auf einer Musterkarte, die sich bis nach hier verirrt haben musste, verrostete Nägel für den Beschlag der Sohle!

Moschee in Alexandria

Zwei Monate Sommerferien

Im Bulletin des Y.W.C.A. (Englischer Jung-Mädchen Club) steht: vier Wochen Campingferien in Mandara, schöner Sandstrand. – Ich melde mich sofort an.
Die Schweizer Familien sind fast alle in den Ferien heimgefahren. Bei uns im Orphelinat haben auch die Ferien begonnen und gehen bis Anfang September. Nun muss ich morgens das Bureau hüten und die Telefone abnehmen, was manchmal zu Schwierigkeiten wegen meiner zu geringen griechischen Sprachkenntnisse führt.
Von 9 bis 10.30 Uhr: «Répétition du français» mit meinen Schülerinnen. Wir lesen und probieren zu erzählen, was sie verstanden haben. Die Aufgabe lautet: alle Tage eine Heftseite abschreiben!
Nachmittags von 13 bis 15 Uhr: Hütedienst. Die Platanen im Hof sind immer noch kahl, so dass die Kinder bei dieser Hitze im Haus bleiben müssen. Nun verlangt die Directrice, dass die Kinder in den Schulbänken schlafen sollten. Wenn ich hüte, dürfen die grösseren Lesen und Handarbeiten machen; aber die kleinen, die nicht schlafen wollen oder können?
Einmal musste ich ein Exempel statuieren und eines der Kinder zur Strafe in die Ecke stellen, weil es viel Lärm machte. Ich nehme es bei der Hand, sage: «sto merion» und zeige in die Ecke. Das Kind will nicht hingehen und alle anderen sehen mich konsterniert an. Ah, dämmert es mir plötzlich, die Ecke heisst nicht «merion», sondern «chronion» – «merion» ist die Toilette!
Jetzt, da ich mit den Schülerinnen nicht mehr viermal die Woche koche, und die feinen Mittagessen bei den Schweizer Freunden auch ausfallen, fangen die gesundheitlichen Schwierigkeiten wieder an; hoffentlich kann ich bald das Camp besuchen!
Wie ich bereits schon erwähnte, gab es damals noch keine elektrischen Eiskästen in den Haushaltungen. In Fribourg, in der Haushaltungsschule, brachte der Milchmann Stangeneis, es wurde zerkleinert und in den Eiskasten gefüllt. Hier im Waisenhaus war er unbekannt. Hingegen bei den Schweizer Familien brachte ein Mann jede Woche drei- bis viermal Eis, um den Kasten aufzufüllen.

Aussicht aus meinem Zimmer

ALEXANDRIA

Waisenhaus

I

Aufstand

II

Gasse

Mandara beim Camp

Place Mouhamed Ali

Nouza Garden

Börse

IV

Kairo

Allein vor der Pyramide

Barke am Nil

Hochzeit

Zitadelle

Moschee

VIII

Mlle Karandonaki ist aus ihren Ferien in Beirut wieder zurück, sie ist begeistert von ihrem schönen Aufenthalt. Sie erzählt von den Nichten und Neffen, von der so prächtigen Stadt und der Landschaft.
Warum bleibt sie im Waisenhaus? Um den armen Kindern zu helfen? – Die Directrice, Mlle Georgiades, bekam später ihren «Lohn» für ihr Verhalten! – Ephtichije erzählte mir, dass schon zwei Jahre später, nach ihren Ferien in Griechenland, die arabische Behörde das Einreisevisum von Mlle Georgiades nicht mehr verlängert hat!
Hat das Komitee des Orphelinats diese Ausweisung von den Arabern erreicht, oder ist es die Ausrede der Directrice, weil das Komitee ihr gekündigt hat?

Die kleinen Schuhputzer

In den Strassen von Alexandria rennen sie hinter einem her – die kleinen Schuhputzer mit ihren Schuhputzkästen. Enttäuscht sehen die Jungen meine weissen Sandaletten an. Einige haben einen Luxusputzkasten, reich geschnitzt und farbig bemalt, mit verschiedenen Dosen mit Messingdeckeln – es sind verschiedene Cremes: schwarze, braune und farblose. Andere Jungen besitzen nur einfache Holzkästen mit Cremetöpfchen, einem Polierlappen sowie verschiedenen Bürsten.
Nun habe ich mich in den vielen Gässchen verlaufen – wie finde ich den Weg zurück?
«Hallo!», rufe ich einem Buben zu, «Avenue Fuad – Bakschisch!». Das wirkt Wunder; der kleine Araber führt mich von einer Gasse in die andere, um endlich in der Avenue Fuad zu landen. So weit war ich nicht gelaufen; er hat wohl gedacht, je weiter, desto mehr Trinkgeld.
Kurz vor der Avenue Fuad liegt ein Mann im Strassengraben, er zittert am ganzen Körper und atmet schwer. Er besteht nur noch aus Haut und Knochen, ist schmutzig und nur noch in Fetzen gekleidet. Kein Mensch bleibt stehen oder kümmert sich um ihn. Da, tü, tü, tü – endlich kommt eine Ambulanz –, zwei Mann steigen aus und ergreifen den armen Mann an Armen und Beinen und werfen ihn wie Abfall in den offenen

Wagen. Mein Begleiter sagt lakonisch: «Haschisch»! Dieses Erlebnis wiederholt sich des öfteren in den nächsten Monaten.

Das Schicksal einer Schweizerin in Ägypten

Im gemütlichen Wohnzimmer von Mlle Surbeck trinke ich mit meiner Gastgeberin Tee, dazu gibt es Kekse, bestrichen mit gesalzener dänischer Butter. Ihr Bruder «mon petit frère» ist fischen gegangen; ist es sein Hobby oder seine Beschäftigung?
Ich erzähle von dem türkischen Maiteli, das im Orphelinat aufgenommen wurde. Mlle Surbeck ist sehr erstaunt darüber, dass der Vater – ein Mohammedaner – einwilligt, dass das Kind christlich erzogen wird! Es ist sonst nicht üblich – ich denke nur an die arme junge Schweizerin, die vorletzten Winter elendig in einem Dorf bei Assuan starb.
Sie erzählt: «In Genf lernte diese Schweizerin einen Medizinstudenten kennen – einen Ägypter. Er war liebenswürdig, fleissig und hatte alle guten Eigenschaften. Er machte auch bald das Staatsexamen. Es wird geheiratet und alles geht gut. Er bekommt auch eine Assistentenstelle. Von zu Hause erzählt er, sein Vater besitze grosse Baumwollplantagen; seine Schwestern seien glücklich verheiratet.
Da kommt plötzlich ein alarmierender Bericht von seinem Vater aus Ägypten: seine Mutter sei schwer krank; er bittet seinen Sohn ihr zu helfen, er sei als Arzt dazu verpflichtet. Daraufhin reist das junge Paar nach Ägypten in das Dorf zu den Eltern. Es liegt viele Kilometer von Assuan entfernt – ohne Post und Telefon!
Die Eltern der Schweizerin bekommen Kartengrüsse von einer schönen Schiffsreise, von Kairo und endlich vom eigentlichen Ziel der beiden: das Dorf sei erreicht, der Mutter gehe es besser, man habe die Absicht hier zu bleiben, da es im ganzen Umkreis keinen Arzt gebe.
Details hört man nicht mehr, aber in Abständen kommen Kartengrüsse – von beiden unterschrieben: ‹Viele Grüsse, uns geht es gut, das Wetter ist sehr schön›. Dann eine Meldung: ‹Wir erwarten ein Kind und freuen uns sehr›.

In grösseren Abständen folgen weitere Karten. – Aber warum schreibt unsere Tochter nicht selbst Näheres, wie sie lebt, was sie tut?

Jetzt bekommen es die Eltern mit der Angst zu tun – da stimmt doch etwas nicht? Sie versuchen mit einer Schweizerfirma in Ägypten in Kontakt zu kommen, aber diese hat keine Beziehungen zu dem unbekannten Dorf. In grosser Angst versuchen sie selbst nachzusehen, was los ist. Sie buchen eine Reise nach Assuan. Von dort wird man schon zu dem Dorf kommen, wo die Kinder leben!

Aber so schnell reist man nicht nach Ägypten: Pass und Visa müssen beantragt werden! – Dann endlich: mit der Bahn nach Genua, von dort mit dem Schiff nach Alexandria, dann nach Assuan und mit einem teuren Mietauto auf schlechten Strassen ans Ziel.

Aber wo ist das schöne Landhaus? Der Fahrer hält nach langem Suchen vor einem einstöckigen, kleinen Lehmhaus an. Der Schwiegersohn, in der heimatlichen Galabije (weisses langes Baumwollhemd, breiter roter Gürtel und dem Tarbousch) sieht die Ankommenden entgeistert an: ‹Ihr könnt Eure Tochter nicht besuchen, sie ist krank... eine ansteckende Krankheit!› Aber die Eltern lassen sich nicht abwimmeln.

Als sie endlich ihre Tochter sehen können, sind sie entsetzt, sie hat hohes Fieber, wahrscheinlich eine Infektion nach einer Fehlgeburt.

‹Liebe Eltern, ich freue mich so, dass Ihr gekommen seid. Ich bin hier wie eine Einheimische im Harem eingesperrt, und habe die geschickten Karten nach Hause nur unterschreiben dürfen. Ich musste tun, was dem Pascha passt. Die Schwiegermutter überwacht mich streng. Hier ist mein Mann nicht mehr so lieb und nett zu mir wie in Genf, er benimmt sich hier wie alle Männer; er schlägt mich auch!

Ich hoffe, dass ich, wenn das Kind auf der Welt ist, einmal zu euch kommen darf – aber nur zu Besuch! Ich weine alle Tage und hoffe, dass mich jemand abholt – jetzt wird es der liebe Gott sein. Ich bin so glücklich, dass ihr gekommen seid!›

Zwei Tage später hat die junge Frau ausgelitten – sie stirbt!

Als die Mutter ihre Tochter waschen will, sieht sie, dass der ganze Körper von den Prügeln, die sie wahrscheinlich erhal-

ten hatte, voller blauer Mosen ist (blaue und grüne Flecken). – Ein kleiner Trost für die Eltern: Sie sind noch rechtzeitig gekommen, um Abschied zu nehmen!»
«Mademoiselle Belli, so ist es mit den Orientalen, sie versprechen unseren Mädchen das Blaue vom Himmel, und das Ende ist ein Fiasko.»
Ich habe erst kürzlich das Buch der Amerikanerin gelesen «Nicht ohne meine Tochter». Diese Frau hatte es doch viel besser, sie hatte Bekannte und Freunde, die ihr zur Flucht verhalfen –, 1930 wäre eine Flucht unmöglich gewesen.

Die Slums in Alexandria

Die liebe Mlle Surbeck ruft mich an und fragt, ob ich heute nachmittag mit ihr ins Armenviertel kommen möchte. Ihr Bruder würde uns begleiten, da wir Frauen nicht allein dorthin gehen könnten.
Was ich dort an Elend zu sehen bekomme: die elenden Behausungen, die vielen Invaliden, die auf dem Boden herumrutschen! – «Bakschisch, Bakschisch» ertönt es von allen Seiten! Vor einem baufälligen Häuschen machen wir halt und steigen in ein schmutziges Kellerloch hinab, worin ein altes, krankes Weiblein haust. Mlle Surbeck gibt ihr eine Pfundnote und ein Paket mit Lebensmitteln. Eine dünne Stimme bringt einen Dankesschwall hervor.
Mlle Surbeck erklärt mir, das Geld und die Pakete verteile sie jeden zweiten Monat an Hilfsbedürftige, gespendet vom Schweizerischen Hilfsverein. Herr Surbeck, ihr Bruder, sagt, da könnten die Millionäre Benaki und Kanisteri (Stifter der Mädchen- und Knabenwaisenhäuser) ihr ganzes Vermögen hergeben, es wäre nur wie ein Tropfen auf einen heissen Stein. Wie die Benakis zu ihren Millionen gekommen sind? Von den Kanisteris weiss man es. Man erzählt, diese hätten den Behörden von Alexandria Korn verkauft, und zwar ging das Futter zum einen Tor herein, sei gezählt worden und ging zum andern Tor wieder heraus. Das wurde mehrere Male wiederholt – mit dem gleichen Futter; die Kornmenge war immer die gleiche!

Die Directrice reist in die Ferien

Mlle Georgiades verbringt ihre Ferien natürlich in Griechenland. Ich soll sie zum Hafen und bis zum Schiff begleiten. Sultana steigt auch ins Taxi, sie muss sich ums Gepäck kümmern. Wir dürfen sogar bis in die Kabine (Erste Klasse!) auf das Schiff mitkommen.
Die Directrice sagt: «Ich werde immer seekrank und muss während der ganzen Überfahrt das Bett hüten.»
Nach dem Abschied schlug ich Sultana vor: «Wir fahren mit einem Kütschlein ins Orphelinat, das ist viel billiger und lustiger als mit dem Taxi.»
Sultana thront stolz wie eine Fürstin im Fond der Kutsche und ihr Umfang füllt diese beinahe aus. Auf der Fahrt kann ich den riesigen Hafen bewundern – Schiffe aus allen Ländern, aus England, Amerika, Frankreich und Indien.
Wer hat in diesem riesigen Hafen nicht alles schon Anker geworfen? Die Phoenizier, die Kreter, die Perser, Alexander der Grosse, Marc Anton und sogar für kurze Zeit Napoleon.
Jetzt fahren wir durch die arabischen Viertel; was gibt es hier alles zu sehen!
Im Orphelinat angekommen, staune ich noch mehr – was ist denn das für ein Höllenlärm? Die Kinder im Hof lachen, schreien und singen, sie scheinen ausser Rand und Band geraten zu sein.
Ephtichije, die Kinderbetreuerin, erklärt mir: «Die Kinder freuen sich so, dass die Directrice fort ist, den Jubel und die Freude zeigen sie alle Jahre so.»
Schon am anderen Tag: Hütedienst nur von 13 bis 14.30 Uhr, dann Abmarsch an den Strand! Jetzt dürfen die Kinder die Sandalen ausziehen und im niedrigen Wasser waten und planschen. Der Strand ist hier sehr flach, so dass nichts passieren kann. Die Kleinen bauen Sandburgen, die Grösseren suchen Muscheln. Alle haben ihren Spass – auch das Personal! Man muss nur aufpassen, dass die Kinder die Hüte aufbehalten, damit sie nicht zu braun werden, dies würde der Directrice verraten, dass man während ihrer Abwesenheit am Strand spielen war.

Im Waisenhaus herrscht eine fröhliche Atmosphäre und trotzdem läuft alles wie am Schnürchen. Alle sind glücklich, dass die Directrice fort ist!

Ferien im Camp in Mandara – Young Womans Christians Association
Programm in Mandara am Meer vom 15. Juli bis 10. August: Mitbringen: Humor, zwei Bettlaken, einen Kopfkissenbezug, Toilettentücher und ein Badetuch – keine Seife!
Unterkunft: 10 grosse Piaster am Tag (damals etwa zwei Franken fünfzig). Ankunftszeit an der Station Viktoria melden: Sie werden abgeholt.
Nun stehen Miss Fraggi und ich mit dem Gepäck an der Tramstation in Viktoria – weit und breit kein Auto, kein Kütschli, das uns abholen sollte, nur einige arabische Jungen mit Eseln stehen herum! Wir fragen sie schliesslich: «Camp?» Sie nicken – zaghaft besteige ich einen Esel, auf die anderen werden die Koffer aufgeladen.
Miss Fraggi lacht, als sie mich mit ängstlicher Miene auf dem Esel sitzen sieht. Wie weit ist es wohl? – Hoffentlich bockt der Esel nicht! Auf der Strasse ist kaum Verkehr.
Zuerst kommen wir am Sommerschloss des Königs Fuad vorbei. Dieser soll auch Kummer mit seinem zehnjährigen Sohn haben. Faruk will nicht lernen; er sei faul und drangsaliere das Personal. Das einzige was er könne sei Tennisspielen! Es wundert einen nicht, dass er zu nichts taugt, wenn er so verwöhnt wurde. Neben vier Schwestern ist er der einzige Sohn von König Fuad.
Mlle Surbeck erzählt mir, dass sie die Mutter von Faruk kenne, eine gebildete, türkische Prinzessin von weisser Hautfarbe – wie die meisten Türken.
Nun biegt der Araber, der meinen Esel führt, von der Strasse ab Richtung Strand. Bis zum Camp kann es dann nicht mehr weit sein! Doch ich täuschte mich, es dauerte fast noch eine halbe Stunde bis unser Camp in Sicht kommt. – Reiten…, aller Anfang ist schwer!
Nun erblicke ich eine ganze Reihe von Hütten mit Holzrahmen, die mit geflochtenem Schilf versehen sind. Die Umgebung ist ruhig und einsam, der Strand sauber und fein.

Man sieht weit übers Meer – es ist einfach wundervoll hier! Mrs. Lee, die Leiterin des Camps, empfängt uns herzlich. Sie entlöhnt die Eseltreiber, die nicht gerade ein zufriedenes Gesicht machen.
Mrs. Lee sagt: «Ich bezahle lieber selbst, damit ihr nicht noch lange den Preis aushandeln müsst. Ich habe nämlich mit den Treibern den Preis für die Ritte vorher ausgehandelt.»
Dann führt sie uns zu unseren Unterkünften: Eine Hütte ist zweieinhalb mal zwei Meter gross, darin steht ein Campingbett, dessen Rahmen mit einem Segeltuch bespannt ist; ein Kopfkissen ist auch vorhanden. Mrs. Lee weist auf ein Gestell hin, darauf befindet sich ein Waschbecken und ein Krug: «Das Wasser muss für den ganzen Tag reichen!» Am Holzgestell sind Nägel angebracht, um die Kleider daran aufzuhängen.
«Das Camp gehört der englischen Armee, die so freundlich ist, und es uns zur Verfügung stellt. Das Ausbildungslager der Soldaten ist nicht weit von hier.»
Wie viele Soldaten haben schon in meinem Bett geschlafen? Sicher ohne Leintücher! Ich habe mir meine aus dem Orphelinat mitgenommen.
Mlle Georgiades ist auch in den Ferien. Diesmal hatte sie übrigens keine Einwände, als ich sagte: «Ich möchte meine Ferien im Camp verbringen.» Sie fragte nicht mal, wo das Camp sich befindet!
Nun läutet eine Glocke: «Lunch», sagt Mrs. Lee, und führt uns in eine grosse Schilfhütte. Da sitzen schon etliche meiner neuen Kameradinnen. Mrs. Lee stellt uns alle vor – (diejenigen aus Kairo treffen erst am späten Nachmittag ein). Um den Tisch stehend geben wir uns alle die Hände und singen ein Lied. Dann serviert uns ein Sufraggi (Diener im Camp?) einen prima Lunch, sogar mit Dessert und türkischem Kaffee!
Am Nachmittag, nach dem Tee und Kuchen, gehe ich schwimmen. Hier ist man am Strand ganz einsam und sieht weit übers rauschende Meer.
Lange liege ich am Strand. – Wie es wohl meinen Schülerinnen geht? Sie sind wohl im Augenblick auch am Strand. Ohne Directrice ist es im Waisenhaus einfach viel besser!
Abends beim Dinner sind wir vollzählig; 35 junge Töchter aus Kairo sind noch eingetroffen.

Wer kocht denn hier so vortrefflich? Mrs. Lee gibt mir Auskunft: «Ein arabischer Koch der ‹Waggon-Lits›. Im Sommer reist niemand ins heisse Assuan, so dass in den Zügen kein Restaurant geführt werde, da sei der Koch froh, hier Arbeit zu finden.»
Wir sind müde und gehen früh zu Bett.
Ein Kamel brüllt, ich erwache – es ist schon hell, und ich öffne die Tür. Ein Araber führt drei Kamele, jedes mit zwei Fässern mit Wasser beladen. Mrs. Lee sagte uns später: «Das ist unsere Wasserleitung!» Am Morgen füllt dann jedes Mädchen seinen Krug zum Waschen und Zähneputzen wieder auf.
Elektrisches Licht? – Welche Fatamorgana? Kerzen dürfen wir auch nicht anzünden, wegen der Brandgefahr! Der Eßsaal wird mit Petrollampen beleuchtet.
Vor dem Frühstück schnell ein Bad im warmen Meer!
Ich lerne Schwester Lisa kennen, eine Krankenschwester aus Kairo. Sie ist für unser leibliches Wohl besorgt. Sie zeigt mir die Küche – ich staune: unter einem Dach aus Schilf fünf Benzinkocher auf umgestülpten Kisten, an den Pfosten hängen die nötigen Küchenutensilien, zwei der Wasserfässer, die die Kamele heute Morgen brachten, stehen auf dem Boden, und die Küche ist vollständig möbliert!
«Das ist das Arbeitsfeld, in dem der Koch die sehr feinen Menus herzaubert.» Ich bewundere ihn, und sage es ihm auch. Er strahlt übers ganze Gesicht.
Schwester Lisa fragt mich oft um Rat. Sie kann recht gut arabisch, so dass sie sich auch mit dem Koch verständigen kann.

Tor vor der Wüste

Es gefällt mir hier prima! Die netten Kameradinnen, die gute Leitung, das gute Essen, die schöne ruhige Gegend und das saubere Meer.
Nachmittags machen wir kleine Exkursionen auf den Eseln. Mischmisch (Aprikose) heisst der beste Esel, der immer brav läuft und nie bockt – ein kleines, graues, unscheinbares Tier.
Abends machen wir Gesellschaftsspiele oder man hört dem Grammophon zu (damals noch mit einem Trichter!).
Nachts schlafe ich sehr gut; wenn ich aber doch mal erwache, höre ich das unaufhörliche und eintönige Gerede unserer Nachtwächter. Ja, wir haben sogar mit Gewehren bewaffnete Wächter (Beduinen)! Sie sitzen abwechselnd an den Ecken unserer Behausungen und palavern die ganze Nacht.
Eines Morgens gibt es eine grosse Aufregung im Camp. Die Kameltreiber, die uns das Wasser bringen, erzählen, dass in Alexandria grosse Aufstände ausgebrochen seien – 4000 Tote! Am andern Morgen kann man endlich eine arabische Zeitung im nächsten Dorf Mandara auftreiben. Der arabische Koch übersetzt dann mühsam, dass die Wafd-Partei aufgefordert habe, Steine zu werfen und Autos anzuzünden. Es wurden auch Schaufenster eingeschlagen und Geschäfte geplündert. Erst am nächsten Morgen bringt der englische Soldat, der uns jeweils die bestellten Lebensmittel besorgt und gleichzeitig eine neue Bestelliste entgegennimmt, eine englische Zeitung mit. Wir lesen Details: es seien nur 400 Tote und die arabische Armee sei Herr der Lage! Die Engländer haben ihre Soldaten in die Kasernen zurückgezogen.
«Mögen sich die Araber doch die Köpfe blutig schlagen, das geht uns nichts an!»
Ich habe stets nur ein bis zwei Soldaten zusammen in der Stadt gesehen, nie eine Parade oder gar ein «Défilée». Die englische Kolonialmacht provoziert die Araber nicht. Einige Tage später werden nur noch 40 Tote und etliche Verletzte gemeldet. Im übrigen fand man in den Taschen der verhafteten Demonstranten etwa zehn grosse Piaster – der ausbezahlte Lohn fürs Steinewerfen? – Für was? Für wen?
Warum sie dies tun mussten, wusste der einfache Araber selber nicht, die Hauptsache für ihn war, dass er sich für zwei bis drei Tage wieder was zu Essen kaufen kann. Von der

Wafd-Partei (Arbeiter-Partei) wusste er wenig oder gar nichts! – Nun ist alles vorüber.
Dafür ist es im Camp sehr lustig. Heute kommt, wie alle Abende, Ali mit seinem Kamel. Er möchte heute mehr Geld fürs Reiten. Aber wir sagen alle «nein», obwohl diese Kamelritte von etwa zwanzig Minuten für uns immer ein grosses Erlebnis sind. Niedergeschlagen zieht er wieder ab.
Auf dem Sattel haben ein bis zwei Personen Platz, je ein Mädchen sitzt im Netz. Nun schwankt man nicht nur nach vorne und nach hinten, sondern auch noch seitwärts.
Ah, da kommt Ali wieder zurück! Er ist jetzt mit dem alten Preis einverstanden, so dass wir im schönen Mondschein reiten können.
Eine junge Araberin ist auch in unserem Camp, sie ist Studentin an der amerikanischen Universität in Kairo (einzige Araberin), oder ist sie Koptin (Christin)?
Sie entschuldigt sich gleich bei mir: «Meine Mutter ist weiss, leider bin ich schwarz wie mein Vater.»
Eines Nachmittags reitet sie nach Viktoria und fährt von dort mit dem Tram nach San Stefano, wo sie ihren Onkel besucht. Dieser ist dort mit seiner jungen Frau auf der Hochzeitsreise. San Stefano ist bekannt wegen seines Spielkasinos und einem exklusiven Hotel.
«Im Sommer ist es hier am Meer nicht so heiss wie in Kairo.»
Unsere Studentin erzählt begeistert, wie schön es gewesen sei. Ich sehe sie noch vor mir: gross, schlank, hübsch, mit zwei Zöpfchen, die mit roten Bändern gebunden waren. Sie ist sehr selbstbewusst und intelligent.
Auch eine nette Schweizerin wohnt noch bei uns im Camp; sie hat drei Töchter eines reichen Arabers mitgebracht und lebt schon viele Jahre in der Familie als Erzieherin der Mädchen, sie sind im Alter von 14 bis 18 Jahren. Diese lieben ihre Nanny über alles. So viel Freiheit, wie sie hier geniessen, haben sie zu Hause sicher nicht. Sind es auch Kopten?
Bei einem längeren Ritt mit den Eseln landen Miss Fraggi und ich in der Nähe eines Beduinenzeltes, es ist genau so, wie es in der Kinderbibel abgebildet war. Wir schauen durch einen Spalt ins Zelt hinein, eine junge Beduinin, sie ist nicht verschleiert, erhebt sich. Sie ist sehr erschrocken, doch als sie sich

versichert hat, dass keine Männer dabei sind, lächelt sie und heisst uns eintreten. Ein kleiner, süsser Säugling schläft selig in einer Art Hängematte aus Tuch, die an zwei Pfosten aufgehängt ist.

Da Miss Fraggi etwas arabisch kann, erfährt sie, dass der Säugling Achmed heisst, und dass Ali, der Kameltreiber, ihr Mann sei. Dieser sei heute mit dem Kamel arbeiten gegangen. Da wir kein Geschenk für sie bei uns haben, geben wir ihr mehrere grosse Piaster. Die Beduinin hat eine grosse Freude – sie sieht sonst wohl nie Geld.

Nicht weit vom Camp entfernt begrüssen uns drei Franzosen, die am Strand zelten. Sie erzählen uns, sie seien Professoren an der Amerikanischen Universität in Kairo. Ich finde sie aber etwas zu jung, um solche Posten zu bekleiden. Sie kommen öfters in unser Lager zum Tee oder abends zur Unterhaltung oder nehmen am Kamelreiten teil. Sie machen – wie die meisten Franzosen – viele Komplimente, sind aber sehr korrekt.

Mit Miss Fraggi reite ich einmal ins Dorf Mandara. Vor der kleinen, armseligen Moschee ziehen wir unsere Schuhe aus. Wir schauen hinein, der Boden ist nur mit Strohmatten bedeckt, nur ganz vorne hat es zwei alte kleine Perserteppiche. Kein Mensch ist hier am Nachmittag anwesend.

Später trinken wir mit unseren Kameradinnen Tee im Camp. Es war ein schöner Tag!

Kamelritt mit 2 Netzen

Unterhaltung im Camp

Am frühen Morgen am Strand: die offene See, eine ruhige Fläche, strahlend im Licht, durchsichtig der Schaum, der leise zischend im Sand versiegt! Es beeindruckt mich die tiefe See, die nie aufhört zu steigen und zu fallen. Winzige Wellen streicheln meine Füsse. Ich fühle mich allein, die Brise vom Meer bläst mir ins Gesicht – im Wechsel, mal warm, mal kühl – salzwasserschwer. Ich denke auch an meine lieben Schweizer Freunde, die jetzt in der Heimat, in den Bergen, die Ferien geniessen.
Nun aber wieder ins Camp, frühstücken! Mrs. Lee ist immer für die Unterhaltung am Abend zuständig. Morgens und am Nachmittag nach der Siesta wird gebadet, manchmal in Sidi Bishr, eine schöne grosse Bucht, eine halbe Stunde weit entfernt von hier. Oft reiten wir mit den Eseln dorthin. Nach dem Nachtessen sitzt man gemütlich beisammen; es werden Spiele organisiert, Charaden aufgeführt oder es erscheinen einige englische Soldaten aus ihrem nahen Ausbildungslager, und bei Grammophonklängen darf man sogar mit ihnen tanzen. Hier ist man ganz ungezwungen und fröhlich.
Aber Mrs. Lee verlangt auch von jedem einzelnen einen persönlichen Beitrag zur Unterhaltung: singen, vorlesen oder etwas erzählen.
Ich lese ihnen mein folgendes Erlebnis vor, und zwar in französischer Sprache, diese verstehen hier fast alle, denn es war damals eine Weltsprache – heute ist Englisch wichtig. Es sind immer besonders schöne und lustige Abende!

Wie mir mein Vater eine Lehre erteilte

Ich beginne: «Mein Vater erteilt mir eine Lehre: Ich war damals in der dritten Klasse. Mein Schulweg führte mich durch die Stadt durch die romantischen Lauben. In der Marktgasse bleibe ich vor einem schönen Schaufenster stehen. Heute ist ein wunderschöner weiss-seidener Pierrot ausgestellt, denn es ist bald Fasnacht. Fasziniert bleibe ich stehen – solch ein schönes Kostüm möchte ich meinem ‹Schielipink› (eine kleine Porzellanpuppe, die schielen kann) nähen.
Die weisse Seide? – Ein Stück meines weissen Haarbandes wird reichen!

Ob ich für die Halskrause die Spitzen meiner Höschen abschneide? – Nein, lieber nicht, besser erst Mama fragen, sie hat sicher solche in der Restenkiste; auch Samt für das schwarze Käppchen. Die Feder rupfe ich unserem Kanarienvogel aus.
Die Schule, die ich langweilig finde, habe ich total vergessen! Nun muss ich mich sputen. Der Schulhof und die Gänge sind leer und verlassen. Vor dem Schulzimmer bleibe ich stehen – das Gedicht habe ich auch vergessen zu lernen!
Ich höre wie die Lehrerin meine Schulkameradinnen rügt, weil sie das Gedicht auch nicht können. Jetzt mache ich kehrt, und zu Hause drücke ich Krokodilstränen hervor und schluchze: ‹Ich muss heimkommen, die Lehrerin ist so böse.›
Komisch, Mama sagt nicht viel. Ich verdrücke mich ins Kinderzimmer und lerne nun das Gedicht.
Nach dem Essen sage ich zu Papa: ‹Bitte schreibe mir eine Entschuldigung.› Er schreibt und fragt dann, ob ich sie lesen wolle. ‹Nein, ich kann Deine Schrift nicht lesen.›
Am Nachmittag in der Schule fragt die Lehrerin: ‹Warum hast Du heute morgen gefehlt?›
‹Es steht in der Entschuldigung›, antworte ich stolz.
‹Nächsten Mittwoch um zwei Uhr kommst Du in den Arrest!›
‹Aber ich habe eine Entschuldigung!›, antworte ich konsterniert.
Die Lehrerin lächelt: ‹Du gutes Kind, Du weisst nicht was darin steht›, und sie liest vor: ‹Bitte Helen zu bestrafen, da sie die Schule geschwänzt hat!›»
Mein lieber, guter Papa, es sind nun 75 Jahre vergangen!

Unsere arabische Studentin aus Kairo erzählt uns ein Märchen, das sie von ihrer Kinderfrau hörte:

Arabisches Märchen

Es lebte ein mächtiger Scheich in Arabien. Seine Frau war die schönste im ganzen Lande. Er liebte sie so sehr, dass es ihn gar nicht nach einer Nebenfrau gelüstete. Er war untröstlich, als sie bei der Geburt ihres ersten Kindes, eines Töchterleins, starb. Er heiratete nicht mehr und widmete seine ganze Zeit

nur noch seiner Tochter Fatima, im Andenken an seine Frau. Er liess den Raum, in dem Fatima lebte, zumauern, ausser kleinen Luftschlitzen an der Decke. Er befahl einem berühmten Maler, den ganzen Raum mit Palmen, Blumengärten, Springbrunnen und blauem Himmel auszumalen. Er stellte taubstumme Wärterinnen und Eunuchen zur Betreuung und Bewachung von Fatima ein. Nur er durfte mit ihr sprechen und spielen.
So wuchs seine Tochter heran und wurde noch schöner als die Mutter. Aber Fatima war nicht glücklich, eine grosse Sehnsucht überfiel sie nach dem Unbekannten.
Eines Morgens fiel ein Sonnenstrahl durch den Luftschlitz. Die Fee der Morgenröte hatte die unglückliche Fatima gesehen und beschlossen, ihr zu helfen. – Aber wie sie aus dieser Festung herausbringen? Ah, der Luftschlitz; sie verwandelte Fatima in ein Samenkorn und ein heftiger Sturmwind blies dieses durch die kleine Öffnung hinaus ins Freie und immer weiter und weiter, bis an den Wüstenrand, an dem noch einige Dattelpalmen standen. Dort fiel das Samenkorn auf die sandige Erde.
Nicht weit davon lebte eine arme Beduinenfamilie in ihren Zelten. Die Not war gross, der Brunnen drohte zu versiegen. Der älteste Sohn musste mit dem Esel in die entfernte Stadt reiten, und mit schmutzigen Kanalarbeiten Geld verdienen, damit eine neue Schaufel gekauft werden kann.
Die Freude der Beduinenfamilie war gross, als der Sohn heimkehrte und mit der neuen Schaufel den Brunnen so tief grub, dass das Wasser in Strömen heraussprudelte, so dass sie sogar etwas Gerste sähen könnten.
So wurde der brave Sohn nochmals in die Stadt geschickt, um Saatgut zu kaufen. Auf der Heimreise leitete die Fee der Morgenröte ihn vom Wege ab, und er landete am Wüstenrand bei den Dattelpalmen.
Was sah er dort? Die schönste Blume, die es je gab. Sie war aus dem Samenkorn entsprossen. So eine prächtige Blume hatte er noch nie gesehen. Er bückte sich und küsste sie, und spürte dabei, wie sie wuchs und wuchs und Formen annahm. Plötzlich hatte er die schöne Fatima in den Armen. Er hauchte ihr seinen Atem ein und Fatima küsste ihn auch.

Die Fee der Morgenröte schickte ihnen eine Taube, die voraus flog und ihnen den Weg zum Vater von Fatima zeigte.
Der Vater war untröstlich gewesen, es war ihm unerklärlich, wie seine Tochter verschwinden konnte. Er wollte schon die Wärterinnen und die Eunuchen köpfen lassen.
Nun war er überglücklich, als ihm der brave Beduinensohn die Tochter wiederbrachte, und er gab sie ihm gerne zur Frau. Sie heirateten und waren sehr glücklich. Sie hatten viele Kinder miteinander.
Wenn sie nicht gestorben sind, leben sie heute noch!

Der 1. August in der Schweizer Kolonie

Die Feier zum 1. August im Schweizerclub will ich unbedingt besuchen. Mit dem Esel reite ich nach dem Mittagessen zur Station Viktoria. Ich versuche dem Araber, der den Esel führt, klar zu machen, dass er mich morgen um elf Uhr hier an der Station wieder abholen soll.
Hoffentlich kommt er auch, er hat «malesch» (ja) gesagt, aber das heisst: «Ja, ich komme», «... vielleicht», oder gar: «es passt mir nicht».
Miss Fraggi will mir einen Esel an die Tramstation schicken, wenn ich bis zwölf Uhr noch nicht im Camp angekommen bin.
Im Orphelinat rufen alle, als sie mich wieder sehen: «Mademoisell-aki, sie bleiben nun doch wieder hier!»
Um fünf Uhr komme ich im Club an. Es sind schon viele Leute anwesend. Einige spielen noch Tennis oder kegeln. Pfarrer Mojean hält die Festrede, es folgt ein Essen, das die Schweizer Frauen selbst gekocht und mitgebracht haben. – Die letzte Augustfeier endete nämlich tragisch: Das Essen hatte man vom Hotel Claridge kommen lassen, und danach erkrankten einige Schweizer an Typhus. Eine junge Ehefrau starb sogar. Sie hatte erst sechs Wochen vorher geheiratet und war anschliessend mit ihrem Mann nach Alexandria gezogen.
Es sind viele junge Leute anwesend – die Chefs sind in den Ferien –, daher ist die Atmosphäre ganz ungezwungen. Mit verschiedenen Bekannten sitze ich an einem Tisch, wir tan-

zen, und wieder spielt ein Handörgeler auf in Sennentracht.
Mlle Surbeck liest aus dem Kaffeesatz vielen die Zukunft voraus. Bei mir sei sie für das spätere Leben sehr gut, für die kommenden Monate will sie sich nicht so recht äussern.
Ein Preiskegeln wird angekündigt.
Aber nun kommt das Wichtigste: ein Schützenfest, und die Krönung des Schützenkönigs! Alle jungen Schweizer versuchen ihr Glück, und einer nach dem andern verschwindet im Schiessstand. Aber, oh Schreck! Was ist passiert! Ich sehe es den verärgerten Gesichtern schon an: Schützenkönig wird kein Tellensohn, sondern eine Schützenkönigin, und zwar Schwester Lisa aus Kairo. Sie wird die grosse Ehre geniessen! Noch lange wird diskutiert, warum, wieso? – Aber Schwester Lisa bleibt Schützenkönigin.
Es wird immer lustiger, jeder weiss etwas zu erzählen. Um drei Uhr morgens begleitet mich meine Tischrunde ins Orphelinat – der Weg ist nicht weit. Vor dem Waisenhaus singt die Bande: «Es Buurebüebli mag i nid...». – Gott sei Dank, dass die Directrice es nicht gehört hat. Gehört wurde es aber doch! Mlle Karandonaki meinte am anderen Morgen spitz: «Sie sind gestern mit Musik heimgekommen!»
Die Portiere Charidomeni öffnet mir die Türe und ich falle müde ins Bett. – Eine gute Seele hat mir die Bettwäsche ersetzt, die ich ins Camp mitgenommen habe.

Der Esel «Mischmisch» heisst nun «malesch»

Schon zehn Uhr, ich muss mich beeilen, um elf Uhr muss ich an der Tramstation Viktoria sein.
Dramatischer Abschied: «Mademoisell-aki, Mademoisell-aki!» Aber ich versichere meinen Schülerinnen, dass ich in zehn Tagen wieder hier sein werde.
An der Viktoria-Station keine Spur von einem Esel: Ich gehe die Strasse entlang, um dem Esel von Miss Fraggi entgegenzugehen, den sie schicken sollte.
Aha, da kommt er ja! Ich frage den Araber: «Camp?» Der Junge nickt – ein rassiger Esel, er trabt was er kann! Ein Glück, der Junge hält ihn fest am Zügel.
«Halt! – Die Abzweigung zum Strand!»

«Stop!», rufe ich, aber der Araber zeigt geradeaus: «Camp».
Jetzt geht mir ein Licht auf.
«Nicht Militärcamp, sondern das Camp am Meer!»
Wir sind schon ein grosses Stück geritten, als er begreift, dass wir umkehren müssen. Nach einiger Zeit treffen wir kurz vor der Abzweigung den «Fraggi-Esel» den sie mir geschickt hat.
Nun gibt es ein endloses Palaver und Streit, wer mich nun ins Camp reiten dürfe. Ich habe wirklich keine Zeit mehr, und muss beiden den Lohn geben, damit ich endlich mit dem «Fraggi-Esel» ins Camp reiten kann.
Dort wird herzlich gelacht, als ich erzähle, dass ich beinahe im Militärcamp gelandet wäre.
Wieder verbringe ich einen schönen Tag im Camp, fast wünsche ich, dass es für immer so bleiben möge.
Am anderen Morgen erwache ich von dem Ruf: «Uva, Uva»!
Trauben sind hier besonders schön und süss. Rund fünfzig Meter vom Strand entfernt hatten Beduinen etwa drei Meter tiefe Gräben ausgehoben. Die Reben, die sie dann gesetzt hatten, haben nun die Füsse im Grundwasser, die Triebe mit den Früchten wachsen den schrägen Sandwänden nach empor, gehalten von trockenem Schilfrohr.
Ich renne im Pyjama hinaus und erstehe mir ein paar von den süssen Wundertrauben.

Der Maskenball

Im Essraum steht gross angeschrieben: «Samstag zum Abschluss grosser Maskenball, Kostüme werden prämiert!»
Aber woher hier Kostüme hernehmen? Mrs. Lee hat mit buntem Papier, Leim, Faden, Nadeln und Papierschlangen schon vorgesorgt.
Ich schneide runde Tupfen aus farbigem Papier und klebe sie auf meinen Unterrock, eine farbige Kartonscheibe dient mir als Hut, und fertig ist mein Kostüm «Konfetti». Am anderen Abend nach dem Nachtessen beginnt die grosse Schau. Unsere drei «Professoren» sind natürlich auch da. Der Kuriersoldat hat einige Kameraden aus dem Militärcamp mitgebracht, und selbst Araber aus Mandara lassen sich die Revue nicht

entgehen. Unsere Wächter haben ein grosses Feuer aus angeschwemmtem Holz und trockenen Palmblättern angezündet, denn es spielt sich alles im Freien ab – im Essraum hätten wir nicht alle Platz gefunden.
Das Grammophon spielt volle Lautstärke; es wird viel getanzt, was zwar auf dem weichen Dünensand sehr mühsam ist.
11.00 Uhr: Prämierung der Kostüme! Was da alles so geboten wird: «Piraten», die sich die Gesichter mit Holzkohle geschwärzt und aus Seetang riesige Schnäuze angeklebt haben; «Drei Könige aus dem Morgenland», mit Turbanen aus Toilettentüchern und Bademänteln (als Gaben tragen sie riesige Rispen aus süssen Trauben); «Wilde», mit Röckchen aus Palmblättern; «Adam und Eva», total mit Blättern der Platanen bekleidet. (Erster Preis: Ein «Fisch», die Schuppen sind aus Zeitungspapier ausgeschnitten und mit Kleister auf ein Hemd geklebt, die Maske aus einer Zeitung gefaltet.)
Das Fest dauert – auch ohne Alkohol – bis in die frühen Morgenstunden.
Ich schlafe lange nicht ein. – Was verbirgt sich wohl hinter dem Mond, der so schön scheint?
Am letzten Morgen das «letzte» Frühstück! Wir reichen uns die Hände und singen. Noch ein Bad im Meer; ich schaue in die Ferne. Im Camp grosser Aufbruch: «adieu» liebe Kameradinnen, «adieu» liebe Mrs. Lee, «adieu» Camp, in dem ich so glücklich war!
Miss Fraggi und ich reiten auf Eseln zur Viktoria Station, dann mit dem Tram nach Alexandria.

Wieder im Waisenhaus

Hart ist der Alltag wieder im Orphelinat, besonders nach all den schönen Tagen. Ich muss wieder Strümpfe anziehen.
Oh Schreck! Was sehe ich da? Die vielen Laufmaschen und Löcher in meinen Strümpfen, auch meine kunstseidenen Unterröcke sind nicht verschont geblieben. Was hat das zu bedeuten?
Bald finde ich die Übeltäter: eine Familie «cafards» (Kakerlaken) als Untermieter in den Schubladen und im Schrank. Die

«cafards» fressen alles, was ihnen in die Quere kommt, sogar Papier. Im Souterrain, im Eßsaal und in meiner Küche sind sie heimisch. Ich muss Sultanas Hilfe in Anspruch nehmen, damit sie ihnen vergiftete Brotschnitten hinlegt!

Im Waisenhaus – oh Schreck!

Die Directrice ist vorzeitig aus ihren Ferien in Athen zurückgekommen. Sie scheint nervöser denn je und gar nicht ausgeruht zu sein. Ein Glück, dass sie am Morgen ankommt und die Kinder nicht am Strand erwischt!
Sie mustert mich intensiv. Ich sehe viel besser aus und habe im Camp drei Pfund zugenommen.
Als erstes sagt sie mir: «Da Sie mit Eugenia nicht mehr spazieren gehen können, bleibt es bei der Abmachung: sonntags, donnerstagnachmittags und ausnahmsweise am Dienstag von halb fünf bis sieben Uhr.» Als ich nach Eugenia frage, gibt sie mir ausweichende Antworten, man wisse nichts Genaues, es werde noch abgklärt. – Wo ist Eugenia?

Mlle Papadopulou – Kinderbetreuerin und Schrecken des Hauses – will heiraten

Diese Neuigkeit erfahre ich erst jetzt, war es doch Tagesgespräch während meiner Abwesenheit im Camp. Hat diese Hexe nun doch noch einen Mann gefunden?
Nein, so ist es nicht. Ihre Mutter in Athen und deren Freundin haben abgemacht, dass deren Sohn in Marseille, der kürzlich Witwer geworden ist, Mlle Papadopulou heiraten soll.
Kennt sie ihren Zukünftigen? – Doch, sie habe als kleines Mädchen mit ihm gespielt.
Glücklich zeigt uns Mlle Papadopulou ihre grosse Aussteuer, alles handgestickte Hemden, Hosen, Nachtjacken und viel Bettwäsche mit riesengrossen Monogrammen bestickt.
Zwei Tage später reist sie ab mit viel Gepäck und der Handnähmaschine. Wir sind alle froh, den T.S.F. (das drahtlose Telefon) los zu sein. Sultana strahlt auch, nun hat sie keine Konkurrentin im Rapportieren mehr.

Aber erst unsere Waisenkinder! – Der Lärm, den sie vor Freude vorführen, übertrifft noch die Freudenschreie, die bei der Abreise der Directrice zu hören waren. Merkwürdig, sie toleriert den Riesenlärm! Ist sie vielleicht auch froh, Mlle Papadopulou auf einfache Art los zu werden? Aber diese Freude war uns nicht lange gegönnt. Nach sechs Wochen erschien eine abgemagerte, vergrämte Mlle Papadopulou samt Gepäck und Nähmaschine wieder im Orphelinat.
Oh Schreck! – Sie erzählt, dass der Zukünftige so viele Fehler habe, und Marseille eine schreckliche Stadt sei. Dort könne sie nicht bleiben, so sei sie wieder abgereist. Wir vermuten, dass der arme Mann all die Fehler an ihr festgestellt habe, die sie ihm vorwarf!
Da wir schon Iris als Ersatz für sie haben, ist es ein Leichtes für die Directrice, sie nicht mehr beschäftigen zu müssen.
Mlle Papadopulou reist nun endgültig ab zu ihrer Mutter nach Athen, die diesen Reinfall für sie eingebrockt hat.

Die Suppe

Die Directrice beginnt ihre Anwesenheit mit einem Riesentheater, die Täterinnen und Hehlerinnen werden zünftig verhauen. Nun kam es nämlich raus: Im Eßsaal haben alle Tische Schubladen. Einige Mädchen hiessen ihre Schwestern oder Freundinnen, die die Tische decken mussten, einen leeren Teller in die Schublade zu deponieren. Während des Essens löffelten die Kinder dann die scheussliche Suppe in die «Schublade!», anstatt in den Mund. Wenn nach dem Essen alles abgeräumt und abgewaschen, und die Luft rein war, wanderten die Suppen in die Toilette. – Auch ich hätte die ewigen Bohnen-, Linsen- und Erbsensuppen gehasst!
Sie sind sehr erfinderisch, unsere armen Waisenkinder, sie tun mir wirklich sehr leid!
Ob das Telefon «Sultana» sie überrascht hat?
Wenn ich an zu Hause zurückdenke, da gab es auch einen Teppichklopfer, der automatisch auf den Tisch gelegt wurde, wenn es die verhasste Zwiebelsuppe gab. Wenn er nicht auf dem Tisch lag, würgte und weinte ich: «Ich kann diese Suppe

nicht essen!» Elise musste den Klopfer holen und ich ass die Zwiebelsuppe unter Tränen!
Einmal ging Mama einen Augenblick in die Küche, da nahm mein guter Papa schnell meinen noch vollen Teller zu sich und stellte mir seinen leeren dafür hin.
Ich bewunderte ihn: «Was für ein Held er ist! Er isst sogar meine scheussliche Suppe auf.»
Diese Tat war ganz unpädagogisch, aber von da an würgte ich die schreckliche Suppe hinunter, ich wollte nicht, dass mein guter Papa nochmals eine so miese Suppe für mich essen muss.
Es reut mich noch heute, dass ich es nicht probiert habe, ob ich wirklich mit dem Teppichklopfer Schläge bekommen hätte.

Der Nouza-Garden

Im Bulletin des Englischen Clubs Y.W.C.A. war zu lesen: Am Donnerstag nachmittag lädt eine Familie John zum Tee in den Nouza-Garden ein.
Ihr kennt vielleicht die «Solitude» in Basel? – Wie dort, hat ein reicher Bürger nach seinem Tode seine Villa und den riesigen Park der Stadt vermacht. Ein wunderschöner Garten mit Alleen von Dattelpalmen, Orangen-, Zitronen- und Feigenbäumen, mit grossen gepflegten Rabatten, die mit Blumen bepflanzt sind, und mit grossen Rasenflächen. Auf einer Terrasse wird Tee serviert und in der Villa befindet sich ein Restaurant.
Es sind viele Mädchen gekommen, und ich freue mich, Bekannte aus dem Camp zu sehen. Von den Gastgebern wurde uns Tee und Kuchen serviert – ein schöner Tag!

Im Pallais Pinto

Am Nachmittag treffe ich im Y.W.C.A. Trudi, eine Schulfreundin aus Bern. Sie ist als «Nurse» bei einer italienischen Familie angestellt, es sind sehr reiche Juden.
Trudi bittet mich, sie doch bald mal zu besuchen. Schon am nächsten freien Sonntag nehme ich das Tram; an der Station Kleopatra muss ich aussteigen. Trudi wartet schon auf mich.

Es ist nicht mehr weit bis zu ihr nach Hause, ein Stück der Strasse entlang und durch einen grossen Park.
Ein so schönes und prächtiges Haus habe ich noch nie gesehen – fast wie ein Schloss! Ein ganzer Flügel ist für die Kinder bestimmt: drei Buben, die von einer Engländerin betreut werden, der vierte Bub, er ist erst fünf Monate alt, wird von Trudi betreut. Ein herziges Büblein in einer blauseidenen Wiege.
Die Nurserie besteht aus drei Kinderzimmern und sogar noch ein Esszimmer mit Louis XV-Sesseln mit hellblauem Damast überzogen (sicher praktisch für kleine Kinder!).
Da Mme Pinto ausgegangen ist, zeigt mir Trudi das Haus. – Erst viel später, als ich Versailles bei Paris besuchte, wird es mir klar, dass das Haus Pinto eine Kopie des Trianon in Versailles ist. – Das Eheschlafzimmer, das grosse Bett auf einem Podium mit Baldachin, der Salon, das Esszimmer, die Boudoirs – alle Zimmer sind mit echten antiken Möbeln eingerichtet. Was für ein Prunk!
Trudi berichtet mir: «Am See von Varese, wo wir zwei Monate Sommerurlaub verbrachten, ist es ebenso schön, jedoch alles im italienischen Stil eingerichtet.»
Es gefällt ihr gut hier, man sieht es ihr auch an – sie ist kugelrund geworden. Die italienische Köchin stammt aus Varese und kocht ausgezeichnet.
1940 sind Pintos nach Amerika geflüchtet, wie ich später erfuhr. Alexandria war während des Krieges zeitweise gefährdet. Aber als Rommel in El Alamein in die Flucht geschlagen wurde, war die Gefahr vorbei.

Die Rache von Staphrinou (Kinderbetreuerin)

Es ist Sonntag, ich will nach Bulkeley baden gehen. Im Entrée stehen Ephtichije und Iris herum. Sie schauen auf das Anschlagbrett und sehen enttäuscht aus.
«Was ist los?»
«Die Directrice hat für heute sämtliche Freitage gesperrt!»
Ich bin auch wütend, das darf sie doch nicht!
«Aber mir hat sie nichts gesagt und griechisch lesen kann ich auch nicht...!».

Staphrinou ist nicht dabei. Sie kam vor drei Tagen aus den Ferien aus Athen zurück, wo sie von Verwandten eingeladen war; sogar die Reise wurde ihr bezahlt! Zum ersten Mal hatte sie das Waisenhaus verlassen dürfen.
Sie, Poulia und Ephtichije sind im Waisenhaus aufgewachsen und dann mit sechzehn Jahren als Kinderbetreuerinnen nachgezogen worden – mit wenig Lohn! Seit Staphrinou wieder zurück ist, kennen wir die stolze, selbstbewusste Kollegin nicht mehr wieder. Traurig und niedergeschlagen ist sie jetzt.
Auf unsere Fragen, wie es ihr denn in den Ferien gefallen habe, antwortet sie lakonisch: «Es war schön in Athen; die Akropolis habe ich gesehen; die Verwandten sind sehr nett zu mir gewesen.»
Was ist passiert?
Drei Tage später, an ihrem freien Nachmittag, geht Staphrinou in die Stadt. Abends sitzt eine fröhliche, aufgeschlossene Staphrinou beim Nachtessen und kann nicht aufhören, von den schönen Tagen in Athen in allen Details zu erzählen. Wir staunen, was ist mit Staphrinou los?
Mit den Kindern im Orphelinat geht sie korrekt, aber wenig herzlich um. Ihre Arbeit macht sie gewissenhaft.
Am anderen Morgen erscheinen zwei Polizisten in Uniform, um sie abzuholen. Die Araber zeigen einen Haftbefehl vor.
Wie ein Lauffeuer geht die schlimme Nachricht im Waisenhaus herum. – Was ist nur passiert? Wir sind alle betrübt und schockiert.
In der vergangenen Nacht sei Staphrinou noch spät zu Ephtichije gekommen und habe sich auf ihr Bett gesetzt und erzählt: «Ich bin so froh, ich habe mich nun gerächt. Er hat nun die Strafe. Ich habe ihm vor der Firma abgepasst, und ihm Salzsäure ins Gesicht gespritzt. Jetzt kann er den Damen keine schönen Augen mehr machen! – Auf dem Schiff, während meiner Heimreise, lernte ich diesen Herrn kennen. Er war so lieb zu mir und sagte, dass er mich liebe, ich sei das schönste Mädchen, dass er kenne. Er möchte sein Leben lang bei mir sein und mich heiraten! Ich glaubte ihm. Die schönsten Tage meines Lebens waren diese Tage mit ihm zusammen.
In Alexandria, bei der Schiffsankunft, sah ich, dass eine Frau auf ihn zukam und er sie in seine Arme nahm und küsste. Ich

lief an ihnen vorbei und sagte: ‹Auf Wiedersehen!› – Daraufhin sagte er zu seiner Frau: ‹Was will diese Person, ich kenne sie nicht?›
Ich habe es mir lange überlegt, ob ich die Salzsäure kaufen soll. Jetzt bin ich beruhigt.»
Sie kommt in ein arabisches Gefängnis, da sie in Alexandria geboren ist; die Europäer kommen vor einen speziellen Richter und auch in ein besonderes Gefängnis.
Schon nach wenigen Tagen trifft die Meldung vom Tode Staphrinous ein; alle Nahrung habe sie verweigert und wahrscheinlich Tabletten geschluckt.
Der schöne Don Juan liegt im Spital, ein Auge hat er verloren, das andere ist gefährdet, und sein Gesicht wird durch Narben entstellt sein.
Es sind traurige Tage.
Arme Staphrinou! – Ihr Stolz hat es nicht überwunden.

Die Schule beginnt wieder

Es ist September, ich bin nun schon ein Jahr hier. – Schnell vergeht die Zeit!
Die Schule hat wieder begonnen; die Schülerinnen machen mir Freude. Da ich wenig Griechisch kann, machen sie keine Übersetzungsfehler.
Eine neue Methode, satzweise zu lernen, ist hier im Kommen.
Ein Glück, die Schweizer Familien sind alle wieder aus den Ferien zurück und erzählen, wie schön es gewesen sei.
Leider ist meine Gesundheit nicht die beste, wo ich mich doch so gut im Camp erholt hatte!

Wir sind nicht so sentimental wie ihr Schweizer!

Wieder werde ich zur Directrice ins Bureau gerufen. – Was ist los?
«Mademoiselle, ihre Schülerin Helena wird nächstes Jahr vierzehn Jahre alt, was denken Sie, was kann aus ihr werden?»
«Helena ist ein sehr liebes, aber schüchternes Mädchen. Sie würde sich für einen Platz bei Kindern oder später für eine Lehre als Kinderschwester sehr eignen.»

Mlle Georgiades antwortet: «Wir haben anderes mit ihr vor; Helena hat zwei Gönnerinnen, die hier für sie im Orphelinat bezahlen. Nun bin ich mit den Damen übereingekommen, dass wir Helena verheiraten.»
Ich mache grosse Augen...: «Aber hat sie denn eine Bekanntschaft?»
«Nein, die Damen haben beschlossen, Helena eine Mitgift von 100 Pfund zu bezahlen; für diesen schönen Betrag wird sich schon ein kleiner Angestellter finden, der sie heiratet!»
«Aber...?, stottere ich.
«Wir Griechen sind nicht so sentimental wie Ihr Schweizer!»
Was aus Helena geworden ist, habe ich nie erfahren.

Ungebetene Besucher im Palais Pinto

In Bulkeley am Strand treffe ich meine Freundin aus Bern. Im Oktober ist das Meer und die Luft noch recht warm. Baden kann man bis die Regenzeit beginnt, das heisst bis Ende November.
«Aber Trudi!, wie siehst Du aus? Die Schnaken haben Dich aber ganz schön gestochen.»
«Ja, ich dachte erst, die ‹Borbeln› seien von der Kost. Aber unser Bébé hat den gleichen Ausschlag. Lucia, unsere Köchin, riet mir, Rizinusöl zu nehmen. Dem Kleinen gab ich auch ein wenig davon, aber es wurde immer schlimmer und juckte schrecklich. Da ging ich zu unserem Schweizer Arzt. Dieser schmunzelt: «Besitzen Sie einen Wecker?»
«Wozu?»
«Stellen Sie ihn auf zwei Uhr nachts, machen Sie Licht, dann werden Sie die Wanzen davonrennen sehen!»
«Nun hat man mich und das Bébé in ein anderes Zimmer untergebracht und unser Zimmer mit «Flit» gespritzt. Nach einer Woche können wir wieder einziehen.»

Eingeladen auf einer Yacht im Hafen

Noch einmal – es wird das letzte Mal sein – werde ich vom Y.W.C.A., vom Englischen Club, auf ein Schiff eingeladen. Miss Fraggi wartet mit mir an der Station Ramlah; bis zum Hafen fahren wir mit einem Kütschlein. Dort treffen wir uns

mit Mrs. Lee und einer Gruppe von Mädchen. Wir besteigen ein schönes Segelschiff. Es gehört einem Engländer, welcher uns auch eingeladen hat.
Nun werden die Segel gehisst und wir fahren aus dem Hafen.
Erst jetzt sehe ich, wie riesengross dieser Hafen eigentlich ist. Der berühmte Leuchtturm, eines der sieben Weltwunder, ist leider während eines Erdbebens zusammengefallen. Es sind neue Leuchttürme gebaut worden.
Viele schöne Schiffe, Kriegsschiffe und einfache Frachter, sind zu sehen. Sie fahren nach Amerika, Asien und Europa; Alexandria ist ein bedeutender Handelsplatz für Baumwolle.
Nun segeln wir der Küste entlang Richtung Port Said. Alexandria präsentiert sich in ganz neuer Perspektive. Das Orphelinat ist ganz deutlich zu sehen, dann das schöne Schloss des Königs Fuad, die Sommerresidenz in Montasa und in Mandara unser Camp. – Einsam und verlassen sieht es aus. Immer werde ich an die herrlichen Tage denken, die ich dort verbringen durfte.
In einer kleinen Bucht geht unser Schiff vor Anker, wir klettern die Schiffstreppe hinunter um zu baden, im klaren Wasser! Es ist hier so klar, dass man jede Muschel, jedes Fischlein sieht.
Nur zu schnell vergehen die schönen Stunden und es geht wieder zurück ins Waisenhaus!

Examen

Mit hohem Fieber liege ich wieder einmal im Bett. Mlle Georgiades ist sehr erbost: «Am Sonntag bei den Schweizer Familien haben Sie sich wieder verdorben. Alle andern hier sind wohlauf!»
Als ich erwidere: «Ihr seid hier eben das Essen aus dem Sissidion» gewohnt», wird sie ernstlich böse.
Ihren Redeschwall lasse ich über mich ergehen und auch die alte Geschichte: in der Schweiz habe sie Kohlsuppe zu essen bekommen, die ihr nicht gut tat...!
In den Schweizer Familien wird der Koch überwacht, rohe Salate werden lange in einem Desinfektionsmittel gewässert,

Obst, wie Bananen, Orangen, Äpfel, wird nur geschält gegessen; im Januar die Erdbeeren nur gekocht! Ein Schweizer behauptet sogar, dass die Araber die Erdbeeren abschlecken, bevor sie diese verkaufen, damit sie schön glänzen! Nach ein paar Tagen geht es mir wieder besser, und ich kann den Unterricht wieder aufnehmen. Aber die drei Pfund, die ich im Camp zugenommen hatte, sind wieder verschwunden. Gott sei Dank bin ich wieder gesund, denn die Examen meiner Schülerinnen beginnen in der nächsten Woche. Ursprünglich sollten sie vor den Sommerferien stattfinden, wurden aber verschoben, weil Kiria Benaki in den Ferien weilte!
Nun heisst es alles vorbereiten: die Kuchen und Desserts kann man schon am Vortag machen, um diese auf einem Tisch auszustellen; auf einem anderen Tisch werden die Handarbeiten (Flicken, Stricken, Nähen) präsentiert. Am Morgen des Examentages werden die Gerichte gekocht, die dann dem Damenkomitee präsentiert werden.
Sie sind sehr freundlich und loben mich sehr. Kiria Benaki, die ich zum ersten Mal sehe, ist unförmig dick – trotz Abmagerungskuren! Sie wird sogar in einem speziell breiten Auto gefahren.
Am Nachmittag habe ich eine Französischstunde zu geben, die Schülerinnen machen mit Begeisterung mit. Sie erzählen auf Französisch einen vorher gelesenen Text, dann folgt ein kurzes Diktat. Kiria Benaki ist sehr liebenswürdig und lobt mich abermals. Totmüde und zufrieden mit dem heutigen Tag sinke ich abends ins Bett.

Die Klosterruinen von Abumena

Am darauffolgenden Sonntag werde ich wieder von meinen Schweizer Freunden zu einer Fahrt nach Abumena eingeladen. Die Fahrt geht wiederum erst durch die moderne Stadt, dann durch arabische Viertel – eine andere orientalische Welt. Hier begegnen wir einem arabischen Hochzeitszug: Männer begleiten den glücklichen Bräutigam, dann folgt die Braut – auf einem Kamel –; sie sitzt in einem zeltartigen Gebilde, das auf den Höckern des Kamels befestigt ist. Braut und Bräuti-

gam werden sich erst nach dem Ende der Feier zu Gesicht bekommen. Es folgen viele verschleierte Frauen und ein Wagen von einem Esel oder Kamel gezogen – je nach den finanziellen Verhältnissen der Brauteltern. Auf den Wagen wird die Mitgift der Braut geladen: auf alle Fälle ein grosses Ehebett, Möbel, Teppiche, Kissen und Hausrat sowie Geschenke. Hie und da folgt auch eine arabische Musikkapelle.
Der einfache Araber muss seine Braut kaufen. Auf dem Lande geschieht diese Bezahlung mit einem Esel, Ziegen oder gar mit einem Kamel. Oft muss der Araber lange sparen, bis er sich eine Frau kaufen kann.
Schon im alten Testament diente Jakob sieben Jahre dem zukünftigen Schwiegervater, um Lea zur Frau zu bekommen. Als die sieben Jahre vorüber waren, betrog ihn dieser und gab ihm die ältere Tochter zur Frau. Jakob diente weitere sieben Jahre, um endlich Lea zu heiraten.
Eine Araberin hat überhaupt keine Rechte, sie ist total ihrem Ehemann – Herrn und Gebieter – ausgeliefert. Dieser kann sie jederzeit verlassen, wenn er auf den Koran schwört, dass sie ihm untreu sei. Die Frau kann keine Ansprüche stellen, sie kann nur zu ihren Angehörigen zurück, falls sie noch welche hat.
Der Koran erlaubt jedem Araber vier Frauen. Paschas dagegen können sich viele Frauen leisten. Reiche Araber sind meist alle dick, wogegen arme extrem dünn sind; ein Mittelstand ist kaum vorhanden.
Nun sind wir wieder in die Sandwüste gefahren, doch diesmal ist die Strecke ausgeebnet und gut befahrbar. Endlich, nach längerer Zeit, kommen wir in Abumene, einem verfallenen Kloster der ersten Christen (die Kopten aus dem dritten Jahrhundert), an. Deutlich sieht man die Grundmauern, ein grosses Langschiff und ein Querschiff, hie und da stehen Mauerreste mit romantischen Fensterlücken. – Meine Gedanken schweifen zurück zu diesen ersten Christen, die dem Leben in Alexandria entsagten.
Junge Araber wollen uns kleine Öllampen verkaufen. Unser Schweizer sagt: «Das sind Produkte aus der Neuzeit, die wurden nicht hier gefunden. Sie sind nur mit Russ geschwärzt, damit sie antik aussehen.»

Es leben immer noch Kopten (Nachkommen der ersten Christen) in Ägypten. Man sagt aber, dass die Araber reinlicher seien, weil sie sich sechsmal im Tag (vor jedem Gebet) waschen müssen.

Sorgen um die Nichte von Mlle Karandonaki

Wieder geht es mir nicht gut. Ephtichije kommt mich täglich besuchen. Sie weiss es immer so einzurichten, dass sie der Directrice nicht begegnet. Früh am Morgen bringt mir Charidomeni die Arzneimittel und das Frühstück: Tee und Zwieback. Sie strahlt Ruhe und Güte aus. Es tut mir sehr gut.
Gestern schon erzählte mir Ephtichije, dass Mlle Karandonaki nicht zum Essen heruntergekommen sei, und den ganzen Tag im Zimmer zubringe. Es sei auch ein Brief aus Beirut gekommen. Ob dieser vielleicht schlechte Nachrichten enthalten hat? – Von ihrem Bruder und dessen Familie, oder vielleicht von der Nichte, die letzten Frühling geheiratet hat?
Am anderen Tag meldet mir Ephtijije, dass Mlle Karandonaki weiter im Zimmer bleibe, Charidomeni müsse ihr das Essen auch hinauf bringen.
«Ist sie krank?»
«Nein, aber es sei wegen ihrer Nichte und deren Ehemann.»
Ich erinnere mich noch, dass im Frühling Mlle Karandonaki Besuch von ihrer Nichte und deren Ehemann bekam. Das junge Paar war auf der Hochzeitsreise von Beirut nach Saloniki. Sie unterbrachen die Reise, um ihre Tante in Alexandria zu besuchen. Sie war eine elegante, charmante Frau. Ihren Ehemann fand ich nicht so attraktiv, und allzu jung schien er mir auch nicht mehr zu sein.
Aber was ich von der Directrice schäbig fand, dass Mlle Karandonaki nur an ihren üblichen Freitagen mit ihrem Besuch etwas unternehmen konnte oder ihm die Stadt zeigen durfte. Die übrige Zeit musste sie die jungen Leute in ihrem Bureau empfangen. Mit ihnen mal abends ausgehen, davon durfte keine Rede sein.
Die «glückliche Tante» war des Lobes voll über den neuen Neffen und rühmte ihn sehr.

Zweifarbig

Ich muss heute noch laut lachen, wenn ich an den griechischen Arzt Dr. Papahelinas denke. Als er mich das erste Mal untersuchte, zeichnete er mit dem Finger einen Bogen auf meinem Rücken. Er fragte mich entgeistert: «Warum ist Ihre Haut am unteren Teil des Rückens ganz weiss?»
Ich gab ihm zur Antwort: «Die Ursache ist der Ausschnitt des Badekleides.»
Dieser Arzt hatte wohl noch nie eine Patientin gehabt, die im Meer gebadet und von der Sonne braun gebrannt war. Am Strand sieht man ganz selten eine Einheimische, und wenn, dann nur mit Bademantel, Schleier und Sonnenschirm.
Dunkle Haut ist nicht vornehm, je weisser diese ist, um so aristokratischer ist man. Darum legen sich meine Kolleginnen auch abends eine Maske aus weichem Brot mit Zitronensaft aufs Gesicht.
Sicher tun die Vitamine der Haut gut. Damals kannte man die Vitamine noch nicht so genau, doch über ihre Eigenschaften wusste man schon Bescheid: je farbiger Obst oder Gemüse waren, desto mehr Vitamine enthielten sie!

Drama

Am anderen Morgen Neuigkeiten: Ephtichije erzählt mir von dem Drama, das sich in Saloniki, dem Wohnort der dort verheirateten Nichte von Mlle Karondonaki, abgespielt hat.
Der so viel gerühmte Ehemann sei schon verheiratet und seine Frau lebe immer noch in Athen!
«Kann man hier, wenn man nicht geschieden ist, einfach so heiraten, wenn einem eine andere Frau besser gefällt?»
«Nein, aber dieser Mann hat ganz raffiniert gehandelt: Als er sich auf einer der vielen Geschäftsreisen in Beirut in die Nichte von Mlle Karandonaki verliebte, versprach er ihr die Heirat. Er kehrte dann nach Athen zurück und verkaufte hinter dem Rücken seiner Frau sein Geschäft und sein Haus und sah sich nach einer neuen Existenz weit von Athen entfernt, in Saloniki, um. Nun gab er seiner Frau an, er müsse geschäftlich nach einer kleinen Insel reisen. Er fuhr aber nicht dorthin, sondern nach Beirut. – Der Lybanon war von den Franzosen

besetzt, und es war nicht schwer, die nötigen Dokumente zur Heirat zu bekommen. Damit ihm seine Frau aber nicht nachspionieren konnte, bat er einen Matrosen (mit einem Trinkgeld), dessen Ziel die kleine Insel war, einen adressierten und frankierten Brief mitzunehmen und ihn dort in den Briefkasten zu werfen. Seiner Frau teilte er darin mit, dass er schwer erkrankt sei, und dass es das Beste sei, wenn er sterben würde, da seine finanziellen Verhältnisse auch noch miserabel seien.
Er heiratete die junge Frau und sie lebten glücklich in Saloniki, bis eines Tages das Schicksal zuschlug: Ein ehemaliger Bekannter des Ehemanns, der in Saloniki geschäftlich zu tun hatte, sieht ihn mit seiner hübschen Frau und meldet dies sofort seiner ersten Frau in Athen...! – Das weitere kann man sich ja denken. – Die Nichte kehrte gebrochenen Herzens zu ihren Eltern zurück.»
Ob sie noch einmal heiraten wird?
Ephtichije meint ja, denn sie hatten noch keine Kinder.

Verheiratete Kaninchen

Der Ehemann der Nichte von Mlle Karandonaki war schon verheiratet! – Ich bin entsetzt, so etwas habe ich in der Schweiz noch nie gehört. Wenn man noch nicht geschieden ist, einfach wieder heiraten, wenn eine andere einem besser gefällt! – Dafür gab es doch Gesetze!
Zu Hause waren solche Themen tabu, im Seminar bei den braven Schwestern erst recht.
Ich erinnere mich an die Geschichte mit den Kaninchen: Ich wünschte mir welche zum Geburtstag, und zu meiner grossen Freude wurden diese von Mama bewilligt, da Krieg herrschte, und sie an einem Braten interessiert war. Papa zimmerte aus einer Kiste einen Stall. Ich bewunderte Papa sehr. Was er nicht alles kann? Als Architekt fiel ihm dieses nicht schwer.
Nun schickte Mama unsere Hilfe Elise auf den Markt, um zwei Kaninchen zu kaufen. Mama trug ihr auf, sie solle ja aufpassen, dass es ein Weibchen und ein Männchen ist, wegen den späteren Jungen.

«Aber Mama!», rufe ich entsetzt, «sie soll verheiratete Kaninchen kaufen, sonst haben sie sich vielleicht nicht gern!»
Mama erzählte diese Episode noch des öfteren.

«Ich denke noch oft an dich, liebe Ephtichije, ohne deine Hilfe und Ratschläge wäre ich verloren gewesen in der fremden Welt. Du hast mich in Riehen besucht und später trafen wir uns in Genf wieder. Du sahst genau so aus wie damals, so lieb!»

Es wird mir schon besser gehen

Das Fieber sinkt, doch die erhöhte Temperatur bleibt. Jeder Besuch meiner Schweizer Freunde wird von der Directrice persönlich zu mir begleitet. Mit einem Redeschwall beteuert sie, wie gut ich hier gepflegt werde!
Diesmal kommt Dr. Papahelina ohne Begleitung, es ist Mittagszeit und alle sind beim Essen. Nervös blättert er in meinem Umschlagkalender, der auf dem Tisch liegt. Er weiss auch nicht so recht, wie er mir helfen kann.
Plötzlich liest er auf deutsch (er hat ein halbes Jahr in Deutschland studiert): «Dreimal aufgewärmte Kartoffeln, gestern Nudeln mit Käse und ‹Wurm› darauf!»
Eilends verlässt er mich. Wahrscheinlich hat er Krach geschlagen bei der Directrice, denn es werden mir «gesottene Vögel» serviert. Die beiden Ärzte, Dr. Papahelina und der Schweizer Arzt, sind übereingekommen, dass ich so bald wie möglich heim müsse. Der griechische Arzt hat es dann noch einmal mit einem arsenhaltigen Mittel versucht, um die Amöben zu vernichten. Bei dieser Rosskur wäre ich beinahe draufgegangen!

Krumme Vorschläge

Am nächsten Vormittag heisst mich die Directrice aufstehen und im Morgenrock ins Bureau zu kommen. Dort ist eine Komiteedame anwesend; sie kann kaum Französisch. Die Directrice legt mir ein Schreiben vor in dem steht, dass das Orphelinat mir die Entschädigung erlässt , die ich zu zahlen hätte,

wenn ich meinen Vertrag als ungültig erkläre und aussage, dass ich heimgehen «wolle» (laut den Ärzten «muss»). Mein Vertrag lautet nämlich: «Drei Monate Kündigungsfrist, bei Krankheit bezahlte Heimreise.»
Ich sagte: «Ich kann jetzt nichts entscheiden, ich möchte dieses Schreiben erst meinen Schweizer Freunden zeigen.»
Sie will mir das «Corpus delicti» nicht geben. Das Komitee war sicher nicht informiert, und die Dame gehörte wahrscheinlich auch nicht dazu.
Unser Schweizer Pfarrer machte der Directrice den Standpunkt klar, dass ich in meinem jetzigen Zustand die lange Reise unmöglich machen könne.
Ich habe aber grosses Glück. Meine Schweizer Familie Landerer ist der rettende Engel. Ich erhalte von ihnen die Einladung, dass ich so lange bei ihnen bleiben könne, bis ich reisefähig sei.
Schon am anderen Morgen holt mich der Pfarrer einfach ab. Meine Schülerinnen dürfen noch schnell ins Zimmer kommen, um Abschied zu nehmen. – Alle weinen, und mir kommen auch die Tränen. Mlle Georgiades ist plötzlich sehr liebenswürdig zu mir. Das gesamte Personal ist in meinem kleinen Zimmer versammelt.
Ich bin sehr traurig, dass ich den armen Kindern nicht mehr helfen kann. – Unten wartet das Taxi!

Welch ein Glück, ich werde wieder gesund!

Ich habe immer geglaubt, dass ich wieder gesund werden würde!
Die ersten Tage bei meinen Schweizer Freunden musste ich noch im Bett verbringen, aber durch die gute Diät und die liebevolle Pflege konnte ich bald wieder aufstehen und sogar am Tisch essen. – Wie bin ich glücklich!

Ein neues Sonntagsvergnügen

Hans-Peterli hat zu Weihnachten eine elektrische Eisenbahn bekommen. Nun möchte er natürlich schon gleich nach dem Mittagessen damit spielen. Der Vater und der Onkel stellen die Schienen, das Stationsgebäude und das Bahnwärterhäuschen auf. Die Mutter, Mademoiselle und ich müssen uns auch dazu hinkauern, um die Weichen von Hand zu bedienen. Wehe, wenn wir nicht aufpassen und ein Zug dadurch verunglückt! – Ein Anpfiff ist uns gewiss! Uns machen die Knie schon weh, aber die Herren können vor lauter Begeisterung nicht aufhören. Hans-Peterli, der eigentliche Besitzer der Eisenbahn, wird dauernd angeschnauzt: «Tramp' doch nicht immer auf den Schienen herum, Du machst alles kaputt!»

Schöne Tage

Nun ist die Regenzeit vorbei und es wird wieder recht warm. Am Morgen fährt uns (Hans-Peterli, Mademoiselle und mich) der Chauffeur an den Strand nach Bulkeley. Wir liegen auf den Liegestühlen in der Sonne, handarbeiten oder lesen. Hans-Peterli spielt mit einem kleinen Freund.
Manchmal werden wir auch in den prächtigen Nouza-Garden gefahren, dort kann Hans-Peterli Velo fahren. Die Wege säumen hohe majestätische Palmen mit schlanken hellen Stämmen. Die Anlage ist das ganze Jahr mit Blumen und saftiggrünem Rasen bepflanzt.
Eine märchenhafte Ruhe ist in dieser grossen Stadt.

Der Koch ist traurig

Kurz vor dem Mittagessen wird der Hausherr vom Sufraggi in die Küche gebeten. Nach einigen Minuten kommt er mit besorgter Miene zurück: «Mohamed (der Koch) ist so betrübt, ihm ist wieder ein kleiner Sohn gestorben.» Der Koch fragte, ob er morgen wegen der Beerdigung des Kleinen frei haben könnte?
Der Hausherr erzählt uns: «Ich war sehr jung, als ich nach Sifta, im Inneren von Ägypten, kam, und in einer Baumwollentkernungsfabrik Arbeit fand. Wir hatten sehr viel zu tun; aus grossen Entfernungen wurde die Baumwolle auf dem Nil

nach Sifta in die Fabrik transportiert. Man musste mit den Arabern den Preis aushandeln, ohne handeln geht nichts! Wenn man sofort den gewünschten Preis bezahlt, ist es kein richtiges Geschäft für sie.
Es wird viel türkischer Kaffee getrunken. Die Araber wollen kein Mineralwasser, es muss Wasser aus dem Nil sein!
«Nun zum armen Mohammed. Er war seinerzeit dort mein Diener. Was sollte ich in diesem langweiligen Sifta in meiner Freizeit anfangen? Ich habe mir dann aus der Schweiz Kochbücher kommen lassen und Mohammed kochen gelernt, und dabei strikt auf peinliche Sauberkeit beharrt.
Er sollte doch eigentlich wissen was Hygiene ist? Oder passt seine Frau nicht auf?»
Die Kindersterblichkeit ist hier sehr gross. Mit etwa zehn Jahren ist ein Kind meistens immun, dann hat es fast alle Krankheiten überstanden. – Allerdings war es im letzten Jahrhundert in der Schweiz nicht viel besser.
Die arabische Behörde versucht, die Bewohner schon ein wenig aufzuklären.
Die schönsten Säuglinge (vor allem dick müssen sie sein) werden prämiert und dann fotografiert. Das Bild kommt sogar in die Zeitung.
Eines Tages erscheint die Directrice vom Orphelinat bei mir und bringt mir Blumen. Sie macht mir den Vorschlag – da es mir ja nun besser gehe – wieder ins Waisenhaus zu kommen. Ich könnte ja im Y.W.C.A. essen gehen, wobei sie die Verantwortung für meine Gesundheit dann aber nicht mehr übernehmen würde.
Nein, das Risiko ist mir zu gross, lieber reise ich heim!
Yehudi Menuhin…, kürzlich stand in der Zeitung, er sei 75 Jahre alt geworden. Wo habe ich diesen Musiker schon gesehen? Ah, jetzt erinnere ich mich: in Alexandria, aber dort trug er noch kurze Hosen; er war ein Wunderkind!
Mit Herrn und Frau Landerer durfte ich zu einem Geigenkonzert ins Hotel Claridge. Der Saal war voll besetzt von Europäern (die Orientalen haben keine Freude an westlicher Musik). Herr Landerer spielte zu Hause des öfteren Klavier.
Hans-Peterli verlangt immer wieder die Platte vom «Drummeli» (Fasnacht in Basel) zu hören.

Die Goldstückli

Mit Mademoiselle, dem Kinderfräulein von Hans-Peterli, habe ich mich angefreundet. Sie ist Französin, hübsch, schlank, gross und elegant. Sogar in Lumpen gekleidet, bewegt sie sich wie ein Mannequin. Ich mag sie sehr, Hans-Peterli gehorcht ihr auch gut.
Eines Abends, der Kleine liegt im Bett, die Eltern sind ausgegangen, zeigt mir Mademoiselle etwa 20 Goldstückli (jedes ein Pfund = 26 Franken wert).
«Haben Sie sich so viel Geld sparen können?»
Sie lacht: «Das ist von meinem Lohn kaum möglich. Ich kenne einen italienischen Bankdirektor, der lädt mich manchmal zu einem exklusiven Nachtessen ein und schenkt mir jedesmal ein Goldstück.»
Oh, denke ich, wenn ich doch auch nur so einen Bankdirektor kennen würde, der mich zum Nachtessen einlädt und dazu noch ein Goldstück verschenkt? Ich weiss zwar schon, dass man auf «diese Art» Geld verdienen kann, aber Mademoiselle traue ich es einfach nicht zu.
Einige Tage später: Mademoiselle ist erkältet und liegt im Bett. Während des Nachtessens kommt der Sufraggi herein und sagt etwas auf arabisch zum Hausherrn. Er lacht und erzählt uns: «Der Diener der Schneiderin hat telefoniert und lässt fragen, warum Mademoiselle nicht zur Anprobe gekommen ist?» Dann schaut er mich an und sagt: «Aha, Fräulein Belli weiss etwas!»

Schöne Tage

Meine liebe Gastgeberin sagt zu mir, ich solle doch hier bleiben, bis es in der Schweiz wärmer wird. Hier sei es jetzt schön warm, die Regenzeit hat schon Ende Januar aufgehört. Nun müssten wir an den Sonntagen auch keine Weichen für die Spieleisenbahn mehr stellen!
Man fährt wieder über Mariut an den Wüstenrand. Die Autos bleiben im Stand stecken, die Räder drehen durch – alles aussteigen! Die Diener pickeln und schaufeln, legen Säcke unter

die Räder und schieben die Autos an – wieder einsteigen! Das wiederholt sich mehrere Male. – Der Chauffeur und die Diener verdammen sicher diese Sonntagsausflüge; so streng müssen sie die ganze Woche nicht schuften.
Endlich am Ziel! Wie schön, der karge Boden ist wieder mit einem blaulila Blumenteppich übersäht. Es ist unglaublich, wie die Natur dieses Wunder in der kurzen Regenzeit schafft. Diese schöne Stimmung hier, diese grosse Einsamkeit!
Abends zu Hause: Wieder haben wir alle Muskelkater!
Am anderen Tag die Neuigkeit im Schweizerclub: Von Plantas haben wieder ein Mädchen bekommen, immer noch kein Stammhalter! – Sie schicken ihre Töchter nicht in die Schweizerschule, nein, sie leisten sich eine private Hauslehrerin aus der Schweiz!
Warum ich dieses schreibe? Im Fernsehen wurde kürzlich das renovierte Palais der Familie von Planta in Chur gezeigt und berichtet, dass das Geld für den Bau in Ägypten erworben sei.
Groppi, der Tessiner Bierbrauer, gehörte auch zu den reichsten Schweizern. – Überall Plakate: «Buvez la bierre Groppi».

Kairo

Es ist März, meine Gesundheit ist wieder so weit hergestellt, dass ich es wagen kann, Kairo zu besuchen.
So sitze ich eines Morgens im komfortablen Zug: Alexandria – Kairo. Dort holt mich die Leiterin des «Home Suissse» ab. Mit einer Kutsche fahren wir zu ihr ins Heim, es liegt im Zentrum der Stadt. Am gleichen Tag macht sie mich mit zwei jungen Amerikanerinnen bekannt, die ebenfalls Kairo besuchen wollen. Im Gespräch mit ihnen erfahre ich, dass sie eine Weltreise machen. Das Geld dafür haben sie von einem Onkel geerbt. Die Weltreise hätte sie mehr gereizt, als das Geld für die Hochzeit aufzuheben, denn dazu sei immer noch Zeit genug!
«Wir sind schon eine ganze Weile unterwegs: von San Francisco über den Stillen Ozean nach Hawaii, Japan, Ceylon, Bombay, Aden, durch den Suez-Kanal nach Port Said. Auf alle Fälle möchten wir noch nach Rom und Paris.»
Im «Heim für junge Mädchen» sind wir sehr gut aufgehoben. Es sind fröhliche, unkomplizierte Amerikanerinnen und nicht

viel älter als ich. Wir lachen viel miteinander. Schon bald verwenden sie das arabische nein = «la, la», wenn ihnen die Händler nachlaufen und ihre Waren verkaufen wollen. Sie nehmen mich ins Schlepptau, und dank ihnen sehe ich von Kairo viel mehr, als wenn ich alleine gegangen wäre.
Wenn wir mit einer Kutsche oder sogar mit einem Taxi fahren, lehnen sie meine finanzielle Beteiligung strikte ab: «Zu zweit hätten wir es sowieso nehmen müssen, und der Erbonkel gilt auch für Sie!»
Die Leiterin des Heimes steht uns mit guten Ratschlägen zur Seite, wenn wir fragen: «Was sollen wir uns ansehen? oder «Wie gelangt man am besten dorthin?»
Als erstes besuchen wir die Pyramiden. Mit dem Tram bis zur Endstation – dort lungern einige Araber mit ihren Kamelen herum und warten auf Gäste. Das Auf- und Absteigen habe ich schon im Camp gelernt: «zuck» nach hinten, «ruck» nach vorne, und noch ein Ruck und das Kamel steht.
Wir reiten durch die Dünen, in Sichtweite die Pyramiden – gigantisch im Sonnenlicht...! Es ist später Morgen, die Sonne vergoldet die Pyramiden, die lange Schatten in den ockerfarbigen Sand werfen – grosse Stille, wir sind ganz allein auf weiter Flur. Die Sphinx sieht uns fragend an: Wie wird sich unser Schicksal gestalten?
Wir staunen: Wie war es möglich, die vielen, riesigen Steinblöcke bis auf über 140 Meter zu Pyramiden aufeinander zu schichten? Das haben sich sicher schon viele berühmte Wissenschaftler gefragt und keine Antwort bekommen.
Napoleon: «4000 Jahre sehen auf uns herab!»

Kairo

Wie hat man die Steinblöcke, die bis zu vier Tonnen schwer sind, kilometerweit herantransportiert? Es fehlte damals das Holz für die Rollen; es fehlte Korn, Zwiebeln und Bohnen für das Essen der 100'000 Arbeiter. Pferde und Kamele gab es damals noch nicht in Ägypten, nur Esel und Ochsen. Man vermutet, dass Cheops die Pyramide gar nicht gebaut hat, sie sei viel älter, er habe nur die Kartusche mit seinem Namen gefälscht – was andere Pharaonen auch taten, um berühmt zu sein!
In der Cheops-Pyramide fand man einen einzigen leeren Sarkophag und von Cheops keine Spur. Die Wände der Cheops-Pyramide sind leer, während andere Pyramiden, wie auch die in Sakkara, mit Hieroglyphen ganz bemalt sind. Die Ägypter sind doch sonst so mitteilsam, alles Leben beschreiben sie!
Es sind heute noch so viele Fragen offen; woher kannten die Sumerer und Ägypter vor fünf- bis sechstausend Jahren plötzlich eine Keil- und Hieroglyphenschrift? Und die Kultur?
Meine beiden Amerikanerinnen sind durch den «Baedeker» gut informiert.
Frau Landerer erzählte mir später: «Auf dem Gipfel der Pyramide haben wir uns verlobt, dort wechselten wir die Ringe.»
Ich staune: «Hatten Sie denn gar keine Angst so hoch oben?»
«Doch, aber Araber halfen uns, sie waren routiniert.»
Heute ist es verboten auf die Pyramiden zu klettern, die Steine würden beschädigt und abgenützt.

Der Bazar in Kairo

Mit meinen neuen amerikanischen Freundinnen besuchen wir den Bazar. Oh, was gibt es dort alles zu sehen! Viele, viele grosse und kleine Stände, vom grossen Teppichhändler bis zum kleinen Mann, der nur wenig Waren anpreisen kann. Oft sind die Waren nur auf einem kleinen Tisch ausgebreitet oder liegen einfach auf dem Boden, und davor kauert ein armseliger Araber.
Auch den Handwerkern kann man zusehen, wie sie aus Leder Portemonnaies und Portefeuilles zuschneiden, stanzen und nähen; in Messingartikel, wie Platten, Dosen und

Aschenbecher werden schöne Muster eingeritzt; Wandbehänge, eine Art Patchwork, die mit Stoffresten aus vielen Farben zu ägyptischen Motiven aus der Pharaonenzeit (altes Ägypten, Pyramiden, Palmenhaine, Kamele und natürlich Esel) zusammengenäht werden.
Der Lärm ist gewaltig, alle wollen etwas verkaufen; dazu noch ein riesiges Gedränge. Viele Bettler rutschen auf dem Boden herum, Blinde strecken ein geflochtenes Körbchen hin, unzählige Kinder schreien «Bakschisch, Bakschisch!».
Es ist Zeit, wir wollen umkehren, da fällt mein Blick auf einen Araber, der am Boden sitzt und ein Kinderspielauto aufzieht und es im Kreise herumfahren lässt. Aber es ist kein gewöhnliches Auto, es speit richtige Funken hinten heraus; es funktioniert ähnlich wie ein Gasanzünder, wenn ein Rad am Feuerstein ripst.
Das wäre ein schönes Geschenk für Hans-Peterli!
«Combien?» – «20 Piaster»; das ist zuviel, fast 15 alte Schweizerfranken!
«15 Piaster!» ruft der Händler, als ich weitergehe. Als ich keine Anstalten mache, zurückzukommen, sind es noch zehn Piaster. Ich muss nochmal so tun, als ob ich kein Interesse an dem Auto habe, und erst umkehren, bis ich das Spielzeugauto auf sechs Piaster herunterhandeln kann. Sicher ein guter Kauf! Meine amerikanischen Freundinnen haben bei dieser Komödie kräftig mitgeholfen.
Wieder in Alexandria: Ich habe mir nicht träumen lassen, welche Freude ich Hans-Peterli mit diesem kleinen Geschenk mache! Er trennte sich keinen Augenblick mehr von dem Auto, es muss überall mit hin, an den Strand, zu seinen Freunden – die teure, elektrische Eisenbahn ist gar nichts dagegen!

Der Zoologische Garten in Kairo

Wir beschliessen, am anderen Tag zur Abwechslung mal den Zoologischen Garten zu besuchen. Es war eine Enttäuschung, die Tiere werden vernachlässigt. Die Gehege sind wohl sehr gross, aber nicht gepflegt. Endlich ein kleines Krokodil, aber was steht am Zaun geschrieben?: «Geschenk von Hagenbeck, Germany!»

Es hatte doch sicher Krokodile im oberen Nil! Man kann diesen Zoologischen Garten nicht mit europäischen vergleichen. Die Araber haben kein Verständnis für Tiere. Die armen, kleinen, geduldigen Esel werden nur zu oft geschlagen; in den eitrigen Wunden tummeln sich dann die Fliegen. Auf dem Heimweg lassen wir uns von der Umwelt beeindrucken. Kairo ist erst seit dem Jahr Eintausend herum eine arabische Stadt. Es ist ein riesengrosser Bazar, soweit das Auge reicht, und jedes Gässchen ist wieder anders und interessant. Natürlich hat es auch europäische Viertel mit schönen Geschäftsstrassen und etlichen Palästen der reichen Scheichs. Auch Kairo ist heute, wie viele andere Städte, vom grossen Autoverkehr nicht verschont geblieben – schlechte Luft von den Autoabgasen im stockenden Verkehr. – Wo sind die sympathischen Eseli geblieben, deren Hufe auf dem Pflaster klapperten?
Sehenswert ist das Ägyptische Museum. Ich kann nicht all die Kostbarkeiten aufzählen, die es beherbergt, aber besonders beeindruckt haben mich die bestickten Handschuhe des Tutanchamun. Erst vor einigen Jahren hat man das Grab noch völlig intakt entdeckt. Daraufhin waren plötzlich mit Hieroglyphen bedruckte Stoffe Mode!
Im Hotel «Mena House» trinken wir später unseren Tee. Es ist das beste und teuerste Hotel in ganz Kairo. Die Halle ist mit geschnitzten Holzgittern – ähnlich wie in einem Harem – versehen, der einzige Unterschied ist, dass die Frauen im Harem durch die Gitter wohl hinaus- aber niemand hineinsehen konnte.
Die Leiterin organisiert für uns drei eine Fahrt mit einem Auto zu den Pyramiden in Sakkara. Diese ist nicht so hoch wie die Cheops-Pyramide in Giseh. Wir steigen einige Stufen hinab; im Innern verbergen sich die Sarkophage der Heiligen Apis-Stiere, doch sie waren leer, als man sie öffnete. Einzelne enthielten jedoch eine Unmenge kleiner Knöchelchen anderer kleiner Tiere.
Die Wände sind mit vielen guterhaltenen Hieroglyphen bemalt. Wie hat man dies im Dunkeln malen können? Damals gab es Öllampen, Talgkerzen und Fackeln, aber die Hierogly-

phen weisen keine Rauchspuren auf? Sind wirklich vor vielen Tausend Jahren Astronauten (Götter) von anderen Sternen auf unserer Erde gelandet?
Die alten Ägypter glaubten an ein neues Leben nach ihrem Tod, und konstruierten Barken, um in den Himmel zu fahren. Werden unsere Astronauten diese Rätsel einmal lösen können? – Man denke an unsere Fortschritte in der letzten Zeit!
Am anderen Tag besuchen wir die Zitadelle, ein beeindruckender Bau, anschliessend sehen wir uns noch etwas in der Stadt um.
Am letzten Morgen besichtigen wir noch die prächtige Moschee von Muhammed Ali; hinterher mussten wir unsere Schuhe draussen wieder zusammensuchen. Wir setzen uns, in Gedanken versunken, auf eine Stufe.
Unter uns liegt Kairo im leichten Dunst. Die vielen Minarette wirken wie Masten untergegangener Schiffe, gegen Westen ragen die Pyramiden, gebadet im Sonnenlicht, hervor.
Abrupt werden wir aus unseren Träumereien herausgerissen. – Wir werden von den Stufen weggewiesen, einige Autos halten und König Fuad mit Gefolge steigt aus, um in der Moschee zu beten. – Er ist beim Volk sehr beliebt, auch mit der englischen Besatzung kommt er gut zurecht. Leider ist sein Sohn Faruk später total heruntergekommen. Mit Saufen und Weibern nahm sein Leben im Ausland ein frühes Ende.
Am Nachmittag: «adieu Kairo», «adieu liebe Begleiterinnen», «adieu ‹Heim für junge Mädchen›» – es kann nie mehr schöner sein!
Ich hatte wirklich grosses Glück, dass ich die zwei netten Kameradinnen getroffen habe, wir werden gute Freundinnen bleiben und viele Briefe werden später übers Meer reisen!

Wieder in Alexandria

Die Reise allein ist trostlos, doch meine liebe Gastgeberin holt mich am Bahnhof ab. Schon am anderen Tag besucht mich Ephtichije, sie hat grosse Freude, dass es mir so gut geht. Aber was ist im Waisenhaus los…? Sie getraut es sich mir kaum zu sagen: «Mlle Karandonaki liegt im italienischen Spital. Dr.

Cerni muss ihr die Brust abnehmen! Wenn es ihr wieder besser geht, will sie für immer zu ihren Angehörigen nach Beirut ziehen.
Charidomeni ist nach Port Said gefahren, sie will bei der Geburt ihres ersten Enkelkindes dabei sein.»
Ausser Ephtichije ist nun niemand mehr im Orphelinat, der den Kindern beisteht.
Sie sagt: «Ich tue, was ich kann, aber wehe, wenn es die Directrice merkt!»
«Wie geht es meinen Schülerinnen?»
«Eine Komiteedame gibt ihnen dreimal die Woche eine Französischstunde. Die Lehrerin, Mme Antigone (Wwe.), die die beiden ersten Klassen betreut, lernt den Schülerinnen ausnahmsweise Kochen. Sie isst selbst gerne gut, und schätzt die Küche des Sissidion auch nicht.»
Die Kinder und das Personal tun mir sehr leid, sie stehen unter ständigem Druck der Directrice.
«Liebe Ephtichije, in ein paar Jahren wirst Du nach Genf kommen und immer dort bleiben!»

Jetzt liege ich wieder am Strand mit Mademoiselle; Hans-Peterli spielt im Sand.
Ich träume: «Kairo, du interessante Stadt, ich werde dich immer in Erinnerung behalten! – Wo sind meine beiden fröhlichen Amerikanerinnen?»
Luxor, das Tal der Könige (Abu-Simbel, Karnak) habe ich nicht gesehen, das war damals kaum möglich (günstige Fahrten mit Reisegesellschaften gab es 1931 noch nicht!). Alles selbst organisieren, das konnte teuer werden: mit dem Zug nach Assuan, aber wie dann weiter? Mit dem Mietauto auf schlechten Strassen fahren oder mit einer arabischen Barke den Nil hinaufsegeln? Je nach Wind, dann etliche Tage auf dem Nil, Proviant und Schlafsack besorgen, die Führer organisieren, und immer wieder «Bakschisch»! Nein, das konnten wir uns nicht leisten, selbst mit einem amerikanischen Erbonkel nicht!
Ich träume weiter und schaue in die ewigen Wasser des Meeres, dessen Wellen sich hinziehen, die leicht plätschernd an die Felsen schlagen, gekrönt von leichtem Schaum. Ich spinne

die ägyptische Geschichte zu Ende: «Was wäre, wenn im kommenden Jahrhundert unser Planet nicht mehr bewohnbar ist – zuviel Abgase und Müll –, und wir alle auswandern müssten auf einen anderen Planeten?»
Sind nicht unsere Vorfahren vor vierhundert Jahren auch mit Columbus ins unbekannte Amerika gesegelt?
Mein Urgrossvater ist mit achtzehn Jahren (1838) als Flötist zur Unterhaltung der Ersteklasse-Gäste auf einem Segelschiff nach Amerika gefahren, doch er kam bald wieder nach Hause!
In der halben Welt schwelt die Krise weiter. Die Geschäfte laufen schlecht, und viele Menschen sind arbeitslos. Die neuen Pensionate sind nur zur Hälfte belegt. Wieder zu Hause – finde ich dann Arbeit?...

Wieder nach Hause

Meine Gastgeber und alle Familien hier sind so lieb und hilfsbereit. Da es mir wieder recht gut geht, kann ich diese Hilfe nicht länger in Anspruch nehmen. Ich muss heim, noch vor Ostern, und mir eine neue Stelle suchen.
Dieses «Schlaraffenlandleben» – morgens am Strand, mittags im Garten oder auf Besuch, lesen, stricken und dazu noch gut essen und bedient werden – nein, das kann ich nicht länger als Gastfreundschaft in Anspruch nehmen…!
Mit Frau L. fahre ich zur Schiffahrtsgesellschaft Lloyd Triestino, um meine baldige Heimreise zu buchen. Meine ehemaligen Kolleginnen im Orphelinat haben mir so von Athen vorgeschwärmt und mir die Stadt in den schönsten Farben geschildert, dass ich sie mir noch unbedingt anschauen möchte, und zwar kann ich dies gut mit der Heimreise verbinden. Die Route über Athen dauert drei Tage länger und ist viel billiger, sie kostet 220 Franken. Dies war mein Monatslohn (heute etwa 4000.– Franken)!
Fräulein Kohlert, die Schweizer Lehrerin sagt: «Wenn ich in den langen Sommerferien heimreise, fahre ich mit einem Frachter, das ist noch billiger, und über Tripolis nach Marseille ist es noch preiswerter.»

Die betuchten Schweizer reisen mit der komfortablen «Aussonia» oder «Esperia»; grösster Luxus dieser Schiffe: die Autos konnte man miteinschiffen!
Heute fährt eine neuerbaute «Aussonia», die alte von 1930 wurde im Zweiten Weltkrieg im Mittelmeer durch Bomben versenkt.
Die letzten Tage in Alexandria: Abschiedsbesuche machen und Dank sagen der lieben Mlle Surbeck, dem Pfarrer, Mrs. Lee vom Y.W.C.A., Miss Fraggi und im Orphelinat. – Ich denke heute oft noch an alle, die so hilfsbereit mir gegenüber waren!
Frau Landerer begleitet mich zum Hafen.

Das Schiff St. Bartolomeo

Sein Ausmass von 3500 BRT macht einen guten Eindruck. Ich bewohne eine nette Zweibett-Kabine, die ich allein benützen kann. Bald geht es aufs offene Meer!
Beim Mittagessen sind nur zwei Dutzend Passagiere anwesend, hauptsächlich Geschäftsleute (Griechen, Syrier, Araber). Keine fröhlichen Engländer! – Wer reist denn schon in der schönsten Saison von Ägypten ab?
Beim Dinner sitze ich einsam an einem Einzeltisch, das Essen ist lieblos gekocht. Die Anzahl der Gänge stimmt, doch schmeckt alles nach Büchsenkost. Was soll sich der Koch auch Mühe machen?
Am anderen Tag verschlechtert sich das Wetter, es hat grosse Wellen auf dem Meer, so dass das Schiff stark zu schaukeln beginnt.
Das Rezept gegen die lästige Seekrankheit: Den Magen recht füllen, aber nur ganz wenig trinken, und sich, wenn möglich, im Mittelpunkt des Schiffes aufhalten – das wäre die Kommandobrücke des Kapitäns.
Wie ich erfahre, sind einige Matrosen auch nicht seefest und leiden sehr darunter. Ich bewege mich viel und spaziere auf dem Schiff herum. Die Reise dauert ja nur zwölf Tage, und die werden auch vorübergehen!
So sitze ich im Salon und lese die alten französischen Zeitungen. Die Weltkrise ist immer noch nicht vorüber. An allen

Wänden hängt ein Bild von Mussolini. Der junge Schiffsoffizier sagt: «Nun ist Ordnung in Italien, die Eisenbahn fährt pünktlich, die Post ist zuverlässig und eine Mafia gibt es auch nicht mehr!»
Eines Morgens erwache ich, die Sonne scheint schon ein wenig durch die Luke, was sehe ich...? – Bin ich schon zu Hause? ...im Tessin? – Ich sehe Land, einen steilen Hang und ganz nah daran viele kleine Häuser und Weinberge.
Das Schiff hält. Schnell frühstücke ich und will an Land gehen. Aber das geht nicht so einfach; ein kleines Ruderboot bringt mich an Land, da das Schiff nicht am Kai anlegen kann. Dies geschieht weder in Piräus noch in Patras – bei so wenig Passagieren! Fracht scheint es auch keine zu haben, sonst würde es nicht so schaukeln.
Im Hafen von Candia (Herakleon) macht niemand Kontrolle, so spaziere ich weiter. Es ist Markttag, viele Bauern in malerischer Tracht: gestickte blaue Blusen, kurze weisse Röckchen, weisse Kniestrümpfe und eine weisse Zipfelmütze. Sie sind mit ihren Eseln unterwegs, die die zum Verkauf vorgesehenen Waren schleppen.
Ich spaziere durch enge Gässchen, dann steige ich einen kleinen Berg hinauf. Eine wundervolle Aussicht hat man von dort oben – das Meer, der Hafen, die kleine Stadt.
Aber halt, das Schiff fährt pünktlich ab, jetzt muss ich mich beeilen! Wieder fährt mich ein Matrose mit dem kleinen Ruderboot aufs Schiff – rechtzeitig zum Mittagessen. Der Steward bringt mir Haferschleimsuppe. «Sie essen so wenig, haben Sie Schwierigkeiten?» – Ich möchte gern sagen, dass es mir nicht schmeckt, aber ich verkneife es mir.
Den Nachmittag verbringe ich wieder im Salon mit Lesen. Es ist so langweilig hier! Niemand getraut sich mit mir ins Gespräch zu kommen. Die paar moslemischen Frauen sieht man überhaupt nicht – müssen sie in den Kabinen essen oder vielleicht zusammen in einem speziellen Raum?
Unterhalten kann ich mich so ab und zu mit einem jungen Offizier, er ist Tiroler und spricht gut Deutsch. Er beklagt sich sehr über die schlechte Führung des Schiffes.
Als er mir mal die Sendestation auf der Kommandobrücke zeigen will, bleibt er plötzlich auf der Treppe stehen. Durch

die Glasscheibe sehe ich, dass der Kapitän eingeschlafen ist. Dem Steuermann scheint das nichts Neues zu sein, wie selbstverständlich geht er ans Steuerrad und lenkt das Schiff.
Der junge Offizier sagt zu mir: «So mies ist es auf dem ganzen Schiff, die halbe Mannschaft ist magenkrank.» – Eine schöne Aussicht, besonders bei dem schlechten Wetter!
Am Abend in der Kabine fühle ich mich wieder so allein und völlig auf mich gestellt. Ich höre, wie das Meer kräftig brausend gegen die Schiffswand prallt und wieder zurückfällt. Warum die Wogen nicht aufhören zu steigen und zu fallen? – Über diese Rätselhaftigkeit nachsinnend schlafe ich ein.
Am frühen Morgen erwache ich, stehe auf, öffne die Luke und atme die frische salzige Meeresluft ein. Das Wasser ist wieder völlig ruhig, der Sturm hat sich gelegt, die Meeresfläche ist spiegelglatt und still im neugeborenen Licht. Vor meinen Augen bilden sich auf dem Meer farbige Streifen, violett-blau, silbergrau, und strahlend hinter weissem Dunst verbirgt sich im rötlichen Licht die Sonne.

Athen

Ich freue mich sehr auf Athen, das mir meine Kolleginnen im Orphelinat als die schönste Stadt geschildert haben. Wieder spart das Schiff die teuren Hafengebühren, und ein grosses Boot bringt uns an Land. Es regnet in Strömen, der Kai von Piräus ist ein «Pflotsch» – er war damals noch nicht geteert. Aber «maximal» ist die kleine Bahn, die vom Hafen die sechs Kilometer Strecke nach Athen fährt. Sie ist ganz modern und komfortabel, streckenweise fährt sie durch kleine Tunnel. Keine Stadt ist schön, wenn es regnet – unter offenem Regenschirm! Ich bin enttäuscht. Die Strassen und Häuser, wie in einer italienischen Provinzstadt. In der Ferne im Dunst die Umrisse der Akropolis.
Aber was mich noch mehr ärgert: Ein Fremdenführer lässt nicht ab, mir seine Dienste anzupreisen. Ich beteure, dass mich gute Freunde hier erwarten. Aber er merkt bald, dass mein Griechisch nicht gut ist. Ich verschwinde in eine kleine Seitenstrasse. Was soll ich im strömenden Regen anfangen?

Die Stühle vor den Cafés sind leer, ein «Tearoom» finde ich auch nicht!
Auf dem Weg zum Schiff besuche ich noch ein kleines Tempelchen. Als ich wieder auf dem Schiff ankomme, bringt mir der Steward gleich Tee und Kuchen mit dem Argument: «Die Passagiere, die in Athen waren, haben immer Hunger und Durst!»
In der folgenden Nacht: Das Schiff schaukelt gewaltig. Mein Schirm, den ich in der Kabine aufgehängt habe, schlägt horizontal aus. Einen Moment denke ich: Jetzt wirst du doch noch seekrank! Ich stehe auf und hänge den Schirm schnell ab, und mir ist sofort wieder wohl.
Am nächsten Morgen beim Frühstück sagt ein Herr zu mir: «Sie und ich sind noch ganz allein.» Beim Mittagessen ist das «Ich» auch nicht mehr anwesend. Der Sturm hat sich erst am anderen Morgen gelegt.
Plötzlich bleibt das Schiff mitten im Meer stehen, ich sehe ein kleines Boot das mit den Wellen kämpft. Der Offizier erklärt mir: «Ein Matrose ist an Blinddarmentzündung erkrankt, wir mussten den Arzt drahtlos rufen. Er nimmt den Mann mit und bringt ihn ins nächste Spital, wo er sofort operiert wird.»
Grandios ist die Durchfahrt des Isthmus von Korinth, hier ist das Meer ruhig. Aber das Wetter bleibt schlecht, von der Küste sehe ich wenig, alles scheint im Dunst zu verschwinden.
Patras: Wieder fährt ein Boot an Land mit Passagieren. Mich gelüstet es aber gar nicht, die Stadt zu besuchen – nach dem Reinfall in Athen!

Ein Schwarm

Es ist «Ziebelimärit» zu Hause in Bern. Im grossen Gedränge am «Löbegge» an der Spitalgasse (Rendez-vous-Platz der Berner Jugend) fliegen mir Konfetti ins Gesicht. – Hat sie mir der schöne Felix, Maturand mit dem grünen Gimmeler Käppi, angeworfen? Er hat mich tatsächlich in der Menge erkannt! – Ich bin selig…! – Da erwache ich…, wo bin ich? Nicht am Ziebelimärit in Bern? – Nein, es ist dunkel, ich bin noch in der Kabine auf dem Schiff «San Bartolomeo». Ich bin ganz enttäuscht!

Schon eine ganze Weile schwärme ich für den schönen Felix, er hat schwarze Locken und blaue Augen. Er ist der einzige Sohn eines Kollegen meines Vaters – unsere Familien verkehren miteinander. Es heisst, Felix wolle unbedingt Schauspieler werden. Das passt seinen Eltern gar nicht. Im Gymnasium spielt er meistens die Hauptrollen, auch tritt er gern auf Liebhaberbühnen auf. An diesem Ziebelimärit bin ich so glücklich. «Er» hat mich bemerkt! – Nach zweieinhalb Jahren Seminar in Fribourg kam ich noch mal kurz vor meiner Abreise nach Bern. – Nach dem Tode meiner Eltern bin ich dort bei unseren Bekannten stets willkommen. Wie freue ich mich, als mich die Mutter von Felix (im Geheimen schwärme ich sehr für ihn!), zum Tee einlädt. Felix ist auch zu Hause, er hat Semesterferien. Er ist noch charmanter und interessanter geworden.

Es ist Ende August, herrliches Wetter, und wir fahren mit dem Tram nach Wabern und von dort mit der Drahtseilbahn auf den Gurten. Eine wundervolle Aussicht geniesst man von dort oben: unterhalb liegt die Stadt und am Horizont sieht man die ganze Berneroberland-Alpenkette. Bei Tee und Kuchen erzähle ich von der Zeit in Fribourg, von den fröhlichen Kolleginnen und von dem Examen, das ich als Zweitbeste bestanden habe. Von meiner zukünftigen Tätigkeit in Ägypten weiss ich noch wenig zu berichten. Plötzlich sagt Felix, er möchte diesen Winter an der Uni ein Semester aussetzen, ob er im Hotel «Mena House» einen Job bekomme? Seine Mutter ist von diesem neuen Plan nicht begeistert, das sehe ich ihrem Gesicht an. Vom Theater wird überhaupt nicht mehr gesprochen – hat er seinen Plan aufgegeben? Es ist ein wunderschöner, unvergesslicher Nachmittag. Felix bittet mich sogar noch um meine Adresse in Alexandria und trägt sie in sein Notizbuch ein! – Ich schwebe im siebenten Himmel!

In Alexandria warte ich einen Monat, einen zweiten, gar noch einen dritten auf ein Lebenszeichen vom schönen Felix – vergebens. Ich kaufe eine Ansichtskarte; viele Male habe ich sie vor mir, um sie ihm zu schicken. Aber das gehörte sich da-

mals nicht für ein junges Mädchen, einem Treulosen nachzulaufen.
Ich adressierte die Karte an die Familie. Dann bin ich Sprosse um Sprosse von der Himmelsleiter hinuntergestiegen: Der schöne Felix ist nur wenige Jahre später an einem Herzversagen gestorben!

Venedig

Bald werde ich in Venedig sein!
Ich sehe meine liebe Grossmama Belli im Lehnstuhl sitzen, ein Glas Moselwein in der Hand und sie erzählt von vergangenen glücklichen Tagen.
1871 habe sie geheiratet und sei mit ihrem Mann sechs Wochen in Italien auf Hochzeitsreise gewesen. Oh, es sei so schön wie im Traum gewesen. Als einfaches Mädchen hätte Grossmama es sich nie träumen lassen, eine so schöne Reise durch Italien bis nach Venedig machen zu dürfen.
Aussergewöhnlich war schon ihre Verlobung: Es ist Sonntag, die Familie sitzt am Kaffeetisch. Die Türe geht auf und herein platzt mein Grossvater. Er grüsst alle und sagt: «Ich bitte um die Hand ihrer Tochter Elise, ich will sie heiraten!» Alle sind perplex, betretenes Schweigen... niemand antwortet.
«Wenn ihr nicht ja sagt, schmeisse ich das ganze Kaffeegeschirr auf den Boden!»
Endlich findet der Vater wieder Worte: «Ums Kaffeegeschirr ist es schade, es bleibt mir in diesem Fall nichts anderes übrig, als ja zu sagen, Herr Apotheker Belli.»
Die ältere Tochter: «Mir macht dieser Herr den Hof und schenkt mir Konfekt!»
«Bitte geben Sie Ihrer Schwester auch davon.»
Darauf die Braut: «Ich habe noch nie ein Wort mit ihm gesprochen!»
Auch später (1885) fehlte es nicht an Kapriolen. Er verliert durch eine Bürgschaft in Trier viel Geld. In Genf kauft er eine andere Apotheke und zieht mit der Familie (neun Kinder) dorthin. Sechs Jahre später werden sie schon eingebürgert.
Für Grossmama zählen nur die schönen Stunden. – Von diesem Umzug mit der ganzen Familie hat sie nie erzählt.

Sie ist auch mit Musik auf die Welt gekommen! Die Wehen ihrer Mutter hat der Vater mit Flötenspiel begleitet. Er war Flötenspieler und segelte nach Amerika.
Wir alle liebten sie!
Sie war weit über 80 Jahre, als sie für immer einschlief.

Diesmal legt das Schiff am Kai an, denn es ist Endstation. Zwei starke Männer tragen mein Gepäck in die Pension «Seguso», Rio San Vio. Ich erinnere mich an die Adresse heute noch. Der Weg führt über etliche Brücklein und durch Gässchen. Wir halten vor einem äusserlich etwas verkommenen Palazzo; das Entrée ist aber stilvoll eingerichtet. Ich fühle mich um viele Jahrhunderte zurückversetzt.

Ein adrettes Zimmermädchen führt mich in mein Zimmer...; das venezianische Himmelbett mit Baldachin, alles ist im echten Stil eingerichtet! Der Leuchter aus Muranoglas, die Möbel und sogar die Waschschüssel sind stilecht.

Da kommt das «Kammerkätzchen» und hängt noch die passenden Vorhänge auf (wie ich nachher feststelle, alles echte venezianische Handarbeit!).

Um acht Uhr ist Abendessen. Im Speisezimmer sieht es aus wie in einem Museum. Das Essen ist «maximal», der Superservice ebenso. Ich regaliere mich nun hier nach der miesen Schiffskost.

Es sind auch einige Amerikaner anwesend. Nach der Mahlzeit sitze ich im Salon auf einem kostbaren Sessel und unterhalte mich mit anderen Gästen. Plötzlich kommen mir schwere Bedenken: Was kostet dieser Luxus? In der Reception ist niemand mehr anwesend, den ich fragen könnte. Ich gehe mit gemischten Gefühlen ins Bett. Schlaflos wälze ich mich die halbe Nacht in dem Paradebett herum – reichen meine Lira?

Fräulein Kohlert, die junge Lehrerin der Schweizer Schule in Alexandria, hatte mir diese Adresse empfohlen. Um den Preis hatte ich mich nicht gekümmert, in der Annahme, dass er günstig sei.

Auf der Bank in Alexandria liess ich mir einen Scheck auf eine Basler Bank ausstellen; eingenäht im Büstenhalter trug ich ihn immer bei mir. Drachmen für den Aufenthalt in Athen

(die ich allerdings nicht benötigte) und Lira für Venedig hatte ich mir besorgt. Wenn sie nicht reichen...? – Kann ich hier den Scheck einlösen? – Es ist sicher teuer hier! Im Ersteklasse-Hotel «Danieli» kann es kaum schöner sein!
Um acht Uhr früh stehe ich an der Reception – niemand da! Eine Stunde später höre ich, dass die Vollpension nur umgerechnet acht Franken kostet. Hurra! Da bleibe ich noch zwei Tage. Die wundervolle Atmosphäre will ich noch ausnützen – nun erst recht, nach dem Debakel in Athen!
Ich gehe spazieren. Die bleiche Morgensonne strahlt die Paläste an, die sich im Kanal spiegeln. An kleinen Plätzen die venezianischen Kindermädchen in malerischer Tracht beim Hüten der ihnen anvertrauten Kinder. – Fremde hatte es damals noch nicht viele.
Ich laufe weiter – wieviele Brücken und Kanäle sind es?
Einmal fahre ich mit einem Gondolieri den Canale Grande entlang. Es ist beeindruckend, wie er die Gondel sicher durch den Verkehr des Kanals leitet. Die Paläste, die den Canale Grande säumen, erscheinen immer wieder in einem anderen Licht oder Schatten; vorbei geht es an den Gebäuden der Arsenale, die durch einen stolzen Löwen bewacht werden.
Besuch auch des Piazza San Marco: die hungrigen Tauben, der Dogenpalast, die vielen Kathedralen, die Rialtobrücke..., die Sehenswürdigkeiten hören nicht auf!
Am andern Morgen Fahrt nach Murano, dort sehe ich den Glasbläsern zu. Venedig ist eine Märchenstadt, jedes Haus, jeder Winkel, jede Brücke, alles ist phantasievoll mit Reliefs oder gar Statuetten geschmückt.
Die heutige Zeit ist seelenlos, wie die gläsernen Wohnmaschinen. Wohin führt unser technisches Zeitalter?
Zwei Tage lang lebe ich in einer Traumwelt, dann muss ich wieder weiter.
Am nächsten Morgen tragen mir zwei starke Männer das Gepäck auf den Bahnhof. Allein hätte ich den Weg durch die Gässchen und über die Brücken nie gefunden.
Im Zug ist ein ganzes Abteil leer, fein! Aber nicht lange, eine grosse Turnverein-Mannschaft steigt ein. Diese hatte wohl ein grosses Fest gefeiert; eine übermütige Bande.

Ich drücke mich in eine Ecke: «Aber Fräulein, so alleine? Kommen Sie doch zu mir!» – So geht es weiter, bis der Schaffner meine unglückliche Lage erkennt und sagt: «Im anderen Abteil ist mehr Platz.» Er trägt mir mein Gepäck hinüber. Ich bin ihm so dankbar, allein wäre ich nicht fortgekommen! – Weder auf den Schiffen noch in Alexandria bin ich je belästigt worden.
Die Zeit will nicht vergehen, endlos lang kommt mir die Bahnfahrt vor. Endlich hält der Zug in Basel; einen Gepäckträger und sogar ein Taxi kann ich mir noch leisten.
Auf mein Läuten macht mir Tante Marie auf, sie ist erstaunt, mich schon zu sehen, denn ich hatte die genaue Ankunft nicht bekanntgegeben. Es hätte ja irgend etwas dazwischen kommen können, dann hätten sie sich noch geängstigt.
Grossmama, Tante Marie und meine jüngere Schwester nehmen mich in die Arme, und ich muss erzählen, erzählen, erzählen!
Einige Tage später, es ist Ende März, fällt in Basel (1931) dreiunddreissig Zentimeter Schnee. Statt in den Frühling, bin ich in den tiefsten Winter heimgekommen!